講理就好

洪蘭——著

《大眾心理學叢書》出版緣起

王榮文

一九八四年，在當時一般讀者眼中，心理學還不是一個日常生活的閱讀類型，它還只是學院門牆內一個神祕的學科，就在歐威爾立下預言的一九八四年，我們大膽推出《大眾心理學全集》的系列叢書，企圖雄大地編輯各種心理學普及讀物，迄今已出版達二百種。

《大眾心理學全集》的出版，立刻就在台灣、香港得到旋風式的歡迎，翌年，論者更以「大眾心理學現象」為名，對這個社會反應多所論列。這個閱讀現象，一方面使遠流出版公司後來與大眾心理學有著密不可分的聯結印象，一方面也解釋了台灣社會在群體生活日趨複雜的背景下，人們如何透過心理學知識掌握發展的自我改良動機。

但十年過去，時代變了，出版任務也變了。儘管心理學的閱讀需求持續不衰，我們仍要虛心探問：今日中文世界讀者所要的心理學書籍，有沒有另一層次的發展？

在我們的想法裡，「大眾心理學」一詞其實包含了兩個內容：一是「心理學」，指出叢書的範圍，但我們採取了更寬廣的解釋，不僅包括西方學術主流的各種心理科學，也包括規範性的東方心性之學。二是「大眾」，我們用它來描述這個叢書「閱讀介面」，大眾，是一種語調，也是一種承諾（一種想為「共通讀者」服務的承諾）。

經過十年和二百種書，我們發現這兩個概念經得起考驗，甚至看來加倍清晰。但叢書要打交道的讀者組成變了，叢書內容取擇的理念也變了。

從讀者面來說，如今我們面對的讀者更加廣大、也更加精細（sophisticated）；這個叢書同時要了解高度都市化的香港、日趨多元的台灣，以及面臨巨大社會衝擊的中國沿海城市，顯然編輯工作是需要梳理更多更細微的層次，以滿足不同的社會情境。

從內容面來說，過去《大眾心理學全集》強調建立「自助諮詢系統」，並揭櫫「每冊都解決一個或幾個你面臨的問題」。如今「實用」這個概念必須有新的態度，一切知識終極都是實用的，而一切實用的卻都是有限的。

這個叢書將在未來，使「實用的」能夠與時俱進（update），卻要容納更多「知識的」，使讀者可以在自身得到解決問題的力量。新的承諾因而改寫為「每冊都包含你可以面對一切問題的根本知識」。

在自助諮詢系統的建立，在編輯組織與學界連繫，我們更將求深、求廣，不改初衷。

這些想法，不一定明顯地表現在「新叢書」的外在，但它是編輯人與出版人的內在更新，叢書的精神也因而有了階段性的反省與更新，從更長的時間裡，請看我們的努力。

講理就好

目錄

第二篇 與心對話

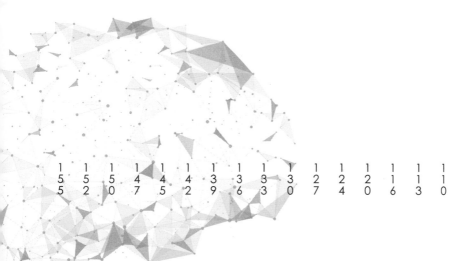

第三篇　生命科學

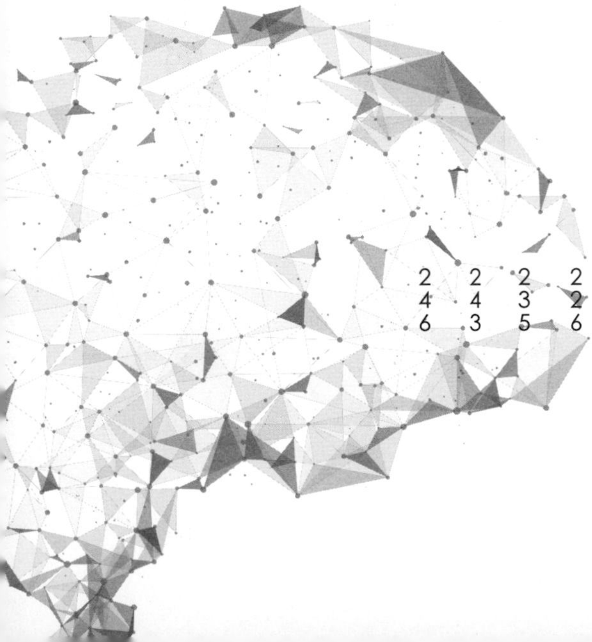

專文推薦

落實科學知識為現代生活之基本態度

黃達夫

洪蘭教授是一位認知心理學專家、教育家，也是一位眼光犀利、感覺敏銳、剖析精闢的社會觀察者，最重要的是，她是一位充滿生活智慧的人。她長年旅居美國，返國任教後，基於知識分子對社會的關懷，因而在《遠見》、《康健》、《科學月刊》等公眾雜誌上做一些有關國內公眾思想行為的評論。

在認識她的人以前，我先愛上了她文字中流露的智慧。我開始讀她的文章是因為她是我《遠見》專欄的鄰居。我發現一般的社會評論家只能把他看到的事物描述出來，把他的感覺反應出來，她勝人一籌的地方是她能藉著認知心理學的專業，舉出科學的實證，對於國內眾生百相，以平易近人的文筆，深入淺出的把一些慣常的迷思，明白的解說。因她深具說服力，相信必也能發生較深的影響力。

國內儘管已經歷百年科學教育的洗禮，然而，國人因承襲了五千年悠久歷史所流傳下來的風俗、習慣，可謂根深蒂固，所以，到今天還迷信很多傳說。再加上長年威權式、填鴨式的教學方式，以及至今仍然以考試為評量學生的唯一標準的教育制度，導致國內學生很少養成閱讀教科書以外書籍的習慣；因為缺乏背景知識（common sense）的結果，國人就欠缺了批判性的思考與獨立判斷的能力，很容易盲從、人云亦云。因此，非理性的思維經常在這個社會上發酵。就如，這一年多來面對國內的政黨輪替，以及全球的不景氣，多數國人都無法以宏觀的視野去了解問題的癥結所在，思索如何善盡一己的責任，出一分力，共同突破困境，卻讓股市指數成為對於政府的信心指標，以及個人的快樂指標，來癱瘓自己，以至集體陷入躁鬱與內耗。

洪蘭教授說：「在這短短的五十年之內，我們所知道的東西，超越了過去五千年，所以科學已經不再是科學家之事，而是眾人之事，它深深影響著我們日常生活的一點一滴。」「好奇心是人類文明的原動力，知識的滿足是科學的基本精神，它讓你在物質貧乏之時，仍能保持精神的快樂。」我自己從醫者、教育工作者以及社會一分子的角度觀察，確實深深的感覺到國人科學知識的匱乏，不但嚴重的影響著國人身體的健康，也影響了國人心理的健康，甚而影響國人解決問題的方法與能力。在二十一世紀的今天，科學已不再是一門學問，而是現代生活的基本態度。

洪蘭教授又說：「打開一本書，打開一個世界」「書是無聲的老師」「閱讀可以為我們累積背景知識」「背景知識是智慧的鷹架」……因為她喜愛閱讀，所以這本書等於是她長年閱讀歷史、法律、社會學、文學、醫學等書籍所累積的知識，加上認知心理學的研究，融會貫通後所形成的生活智慧，供我們享用。

對於喜愛閱讀的讀者而言，可以由這本書引申無限的閱讀寬度與深度，對於缺乏時間閱讀很多書的讀者而言，讀這麼一本好書的獲益，可能勝過讀數十本書。

推薦者簡介

黃達夫醫師，國立臺灣大學醫學院畢業，現任和信治癌中心醫院院長，曾任美國杜克大學醫學中心內科教授、衛生署國家醫療品質委員會主任委員、國家衛生研究院醫學院評鑑委員會委員。

非理即亂

曾志朗

在嘈雜紛亂的社會現實裡，想要講理談何容易？但是講理卻是釐清紛亂的唯一利器。這是個很容易明白的道理。因為面對紛亂，只有兩個選擇：一是任其胡打蠻纏下去，直到無可收拾的地步；另一個當然就是釐清頭緒，講出一番道理來。這種非理即亂的二選一題，實在是簡單易懂，但社會上的眾多有「智」之士，就是不肯講理，或是沒有能力講理。

喜歡從生物演化觀點看人類行為的學者（如本書作者洪蘭教授）一定會同意我下面的說法：衝動的即時反應是逃命用的，而沉穩的全方位思考才是永續保命之道；前者是所有動物共有的本性，而後者才是人類「異於禽獸幾希」的那一點特性。因此，當我們看到這紛紛亂亂的世界，常不能以理性的思考來解決問題時，我也只好說「本性難移」了。

真的！人實在多是不理性的。例如，有人喜歡到花街柳巷尋歡作樂，你告訴他得到性病的機率是八分之一，他一定說：「不會是我啦！」但是，同一個人喜歡花錢買彩券，你告訴他得到獎金的機遇率是千萬分之一，他卻一副一券在手、希望無窮的樣子，說：「可能就是我啦！」

近年來，認知心理學家發現人們大多在匆促下作出決定，經常忽略常模的指標，還會把個人的信念寄託在不實的表象上，很少能遵循邏輯的算則去作判斷。賭場上常見的那些不信邪的賭客就是最顯明的例子。在輪盤上已經為押了「紅色」而連輸十次的賭客，拚了命也要在第十一次再押「紅」。問他為什麼不肯改押「黑色」？他的答案竟是：「黑的已經出現十次了，這次非紅不可！」學過機率論的人都很清楚，除非輪盤被作了手腳，否則每一次出現「紅」或「黑」的機率是相等的，不應該因為黑的已經出現十次了，下一次「必然」是「紅」。再問那位賭客：「難道你認為輪盤上有記憶？」這位賭客一臉茫然，以為我瘋了！

這些不講理的特例，都是顯而易見的。但日常生活當中，人們的不理性行為，卻總是隱藏在看似「理性」的包裝與掩蓋之下，很難被察覺。洪教授的這本書告訴我們，講理的必要條件就是豐富的常識，並且要養成不輕信表面現象的習慣。我一則一則的讀下去，感到這都是培養科學精神的最佳教材，令人耳目一新。

社會上的紛亂讓大家頭昏眼花，如果你想過得快樂安全一些，使自己更“sensible”一點是值得努力的方向。說實在的，處理周遭事物，唯一的真理是如這本書的書名be sensible，講理就好！

推薦者簡介

曾志朗教授，美國賓州州立大學心理學博士，曾任教於俄亥俄州州立大學、耶魯大學、加州大學柏克萊分校。一九九〇年返國，先後擔任中正大學社會科學院院長、陽明大學校長、教育部部長、中央研究院副院長等職。一九九四年當選中央研究院院士，二〇〇四年當選美國心理協會（APS）院士。

洪蘭式的熱情

王榮文

這篇文章我想了一百種寫法，想介紹我最崇拜的「我的朋友洪蘭」，卻一直交不了稿。我的結論是：如果你沒有機會跟她說話，就快買她的書來看吧！這也是她最單純的信仰：「打開一本好書，等於打開了一個世界。」「讀書是從別人的經驗中換取自己常識的最好方法。」

到今天為止，洪蘭已經選譯了包括《基因複製》、《腦內乾坤》、《語言本能》等好書，讀者跟著她讀，可以對二十一世紀的科學有足夠的背景知識。而洪蘭自身的精彩，也可以從她每本書的「譯者序」找到蛛絲馬跡。我每次看著她寫的文字，總會懷念起她在我家，滔滔不絕講述她正在讀的好書的內容給我聽的情景，這裡面有她本行的生命科學著作，有她愛讀的偵探小說、歷史小說。我常常在想：是不是我充滿感動的表情開啟了她內在的熱情，使她願意為像我一樣英文能力不足、科學常識不夠的國民付出額外的勞動？

這兩年，洪蘭式的熱情被殷允芃、高希均、王力行啟動，她變成《康健》、《遠見》的專欄作家，每月固定傳送她對教育、對科學、對健康、對閱讀的關懷，《講理就好》就這樣集結成書了。此時，我腦中卻浮起另一個念頭：似乎是要求洪蘭完成《寫給行外人讀的普通心理學》教科書的適當時候了。她的能力、努力、體力、毅力樣樣俱備，這本書又有她「假如教室像電影院」的教學夢想，酷洪蘭一定做得到！

自序

寫專欄最痛苦之事莫過於被編輯催稿，但不交稿的日子似乎過得特別快，才沒兩天好日子，轉眼又到截稿期限。每個月的日子變短了，一過月半，我就不敢接電話，手機也要先顯示來者姓名才敢接；但是每一位編輯都練就一身催稿本領（我懷疑他們是否有訓練班，不然怎麼個個都是高手），文章就在他們十萬火急的催促下，產生了。交了稿後，固然是無債一身輕，但是也不禁對自己的能力產生懷疑：這麼短短一千字的東西，要磨蹭這麼久才出得來嗎？自己是怎麼了？當年聯考不是半個小時就得完成一篇作文嗎？

看到自己的文章能能夠集結成冊，心中的確很高興（文章還是得逼，不逼就沒有），很感謝《康健雜誌》的殷允芃發行人和《遠見雜誌》的王力行發行人與高希均社長，對我的信心與厚愛，肯將寶貴的篇幅讓我抒發淺見。我清楚的記得在松江路一條小巷裡，有一家小店叫做「寂寞聖賢」，我與上述幾位台灣最具影響力的新聞從業者共進午餐，這頓飯從中午十二點一直吃到下午三點盤中的菜都沒動，因為大家在忙著動口說話，無暇動口進食。那天談得很愉快，當場決定每個月寫專欄。走出小店後，我對自己非常的驚訝，因為從來就沒有在外面說過這麼多話，也因此對這家店名留下深刻印象，因為一個人只要找到志同道合的人就不會寂寞，不管是不是聖賢。那一天我感到非常的幸運，能夠碰到這麼多志同道合的人，願意在自己的崗位上對台灣盡一份心力。《康健》專欄則是殷發行人御駕親征，親自來到陽明大學的實驗室看我，令我受寵若驚，感動莫名，立刻答應「賣命」；其實她只要打通電話給我，我就會遵命，因為她是我心中非常敬佩的「社會賢達」之一。因為這兩件事，所以我就從一個從未寫過專欄的人，突然變成一個月要寫兩篇專欄的教授，新手上路，也難怪編輯催稿要催得那麼辛苦了。

我在一九六九年大學畢業去美國讀書時，心中其實是抱著不回來的決心，因為我當時念的是台大法律系，對台灣司法的不能獨立，成為統治者為虎作倀的工具有深刻的了解和厭惡，迫不及待的想飛往自由的國度。因此，六月一畢業我就走了，是班上最早出國的人之一。也因為有不回來的念頭，所以我很快就適應了美國的一切，安定下來。但是隨著歲月的飛逝，台灣的解嚴，心情和事情都有了轉變，最主要是只有在海外才會感覺到自己國家強不強盛的重要性。國父說「華僑是革命之母」，在美國住了二十年之後，我發現國父是對的，在海外，對自己國家常有恨鐵不成鋼的感受，但是與其坐而言，不如起而行之才有實效。當時任職於中正大學的林清江校長在電話中，描述了一個甘蔗園中，國際級一流大學的遠景，就這樣，一通電話，我們結束美國的實驗室，回到台灣來教書。因為教育是振興一個國家的根本大法，改革必須從教育做起。

那個時候，台灣是錢淹腳目的盛期，但是整個社會富而無禮，家家有酒櫃，卻沒有書櫃，人民不讀書（我記得遠流發行人王榮文說台灣人平均一個人一年只花七毛七分錢買書）。因為沒有知識，所以怪力亂神流行，上至王公貴族，下至販夫走卒，都在求神問卜；飛機掉下來了，大家不去檢討失事原因，卻先去換交通部長辦公室的風水。瞿海源教授公布了一個調查結果，發現台灣最愛算命的是二十幾歲大學畢業的知識分子，市場上最暢銷的書是星座算命與塔羅牌。

這些林林總總讓我覺得台灣的科學沒有生根，像個虛胖的病人，而科技是台灣唯一生存之道，因為台灣這麼小，又沒有自然資源，要與別人拚，只有靠腦力、靠知識、靠創新。所以我開始把國外新的知識翻譯進來，像《基因複製》這本書便是與美國同步出版，也就是說，我們的讀者與美國的讀者是同時讀到這本新書，是同時得到這個知識。因為要選書翻譯，我也開始廣泛閱讀專業以外的書籍，這帶給我很多知識上的樂趣，開啟了我的視野，也使得我能夠替《遠見》和《康健》寫專欄，現在才有這本小冊問世，這確是我當初開始翻譯時所未想到的。

一本書得以出版，當然要感謝很多人，這似乎變成寫自序的老套了，我很想例外，卻覺得有些不妥，因為我的確應該感恩。我很感謝我的父母民國三十六年以前就來了台灣，沒有把我生在大陸，不然我成長的時間正好是文化大革命最厲害的時候，以我的家庭背景，絕對是黑五類，不可能有機會入學念書；更感謝他們節衣縮食，送我去美國留學，使我在人生的境界上得以更上一層樓。感謝我的先生曾志朗，在我念書、寫書時沒有叫我去煮飯，給我很多空間好發揮我的理想。更感謝上天賜給我一個好兒子，在電視上看到別人爸爸襯衫袖子都有一條線時，會跟我說只要我教他如何燙衣服，他會替爸爸燙襯衫。感謝西京機械公司的夏文華先生，寄給我「破窗效應」的回響，並讓我在書中轉載。多年前夏先生曾來我實驗室討論一些文字轉碼的問題，我當時很驚訝一位六十幾歲、頭髮花白的老先生怎麼會對語音轉碼有興趣呢？一談之下發現，夏先生在抗戰時期曾做過電報員，功在國家，我們兩人興趣相同，和他談得非常愉快。他看到我寫的「破窗效應」，寄來一份回響，印證這個說法，文筆生動，精彩極了，特此感謝。

最後，感謝王榮文，他可能到現在都還不知道，他那汀州路辦公室後面的家是我們決心回台灣最大的誘因。聊天是人生最暢快的事，他的家常有台灣各路的英雄好漢，秉燭夜談，各抒己志，不知東方之既白。在那裡，我第一次看到年少的詹宏志、郝廣才，而意氣風發的黃春明更是在我腦海中留下「創意第一把交椅」的印象。王榮文事業會成功，賢妻陳芳蓉功不可沒，她削的水果是世界一流的，胸襟也是世界最大的，可以容忍我們都到公車收班了還在她家聊天，而她的孩子第二天是要上學的。

我非常懷念過去這一段狂狷的歲月，狂者進取，狷者有所不為，我很高興這批老朋友到現在還能保有這個理想。昨天又聚在一起聊天，大家問現在的社會這麼亂，該怎麼辦？無他，be sensible，凡事依理而行，講理就好。如果每一個人都能做好他份內的事，對自己多一些要求，對別人少一些責備，多一些寬容，天下自然就無事，這本書就叫 be sensible 吧！講理就好！

第一篇

科學 vs. 傳說

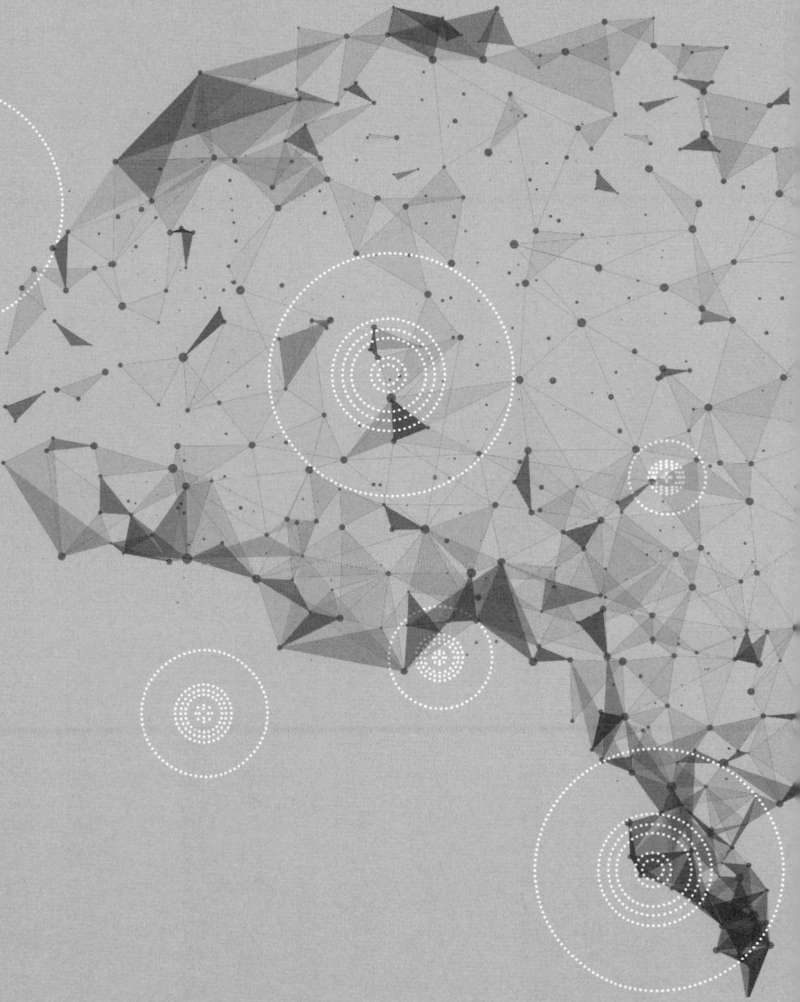

1 養寵物會讓孩子過敏？

我去朋友家，發現她的小狗沒有如往昔一般衝出來歡迎我，一問之下，才知道她媳婦嫌狗會掉毛，落在地板上很髒，孩子在地上爬怕被細菌感染，每次孩子一打噴嚏她就抱怨，朋友無奈，只好把狗送人。

我聽了以後非常難過，其實很多研究都發現，**養寵物對孩子的免疫力有利**，越早接受到各種微生物的孩子，長大後，越不容易過敏。一九八九年，英國一個一萬七千名兒童的大型研究就發現，家裡有越多哥哥姐姐的孩子，越不容易得到花粉熱。這個叫做「衛生假說」（hygiene hypothesis），即孩子在成長過程中，不要太過乾淨，應讓孩子接觸寵物和細菌，增加他的免疫力。小兒科醫生也發現，若家中有寵物，孩子長大後不容易對食物和花粉過敏，因為他們身體中已經有抗體了。

更有研究者用吸塵器收集了十六個家庭的灰塵，結果發現沒有寵物的家庭是「微生物沙漠」，而有養貓狗的家庭，環境中微生物相對豐富。當把這些微生物餵給小鼠時，小鼠對各種過敏原的過敏度降低了很多；這些沾有灰塵的食物也使小鼠腸道增加了一百種細菌，可以改變動物體內微生物的組成並抑制過敏發炎。

其實宇宙間，細菌和病毒無所不在，防不勝防，那麼為什麼我們沒有每天生病呢？這主要是靠免疫力，同時，胃酸會殺死大部分吃進我們嘴裡的細菌，幸運逃過胃酸的，腸內還有細菌來對抗它。只有當身體免疫力不好時，這些病毒和細菌才會使我們生病，例如感冒。但是感冒病毒也會不斷的刺激我們的免疫系統，使免疫系統強大。

印度恆河三角洲和孟加拉國是高霍亂區，十五歲的孩子有一半以上都感染過霍亂。研究發現雖然現在他們還是有霍亂，但症狀很輕，沒有像以前一樣送命，原來他們的基因中，有三百零五個 DNA 發生了變化，這些變化了的 DNA 增強了他們對霍亂的抵抗力，所以沒有死。

鎌刀型貧血症的紅血球也是演化出來抵抗瘧疾的，因為瘧疾原蟲會侵入紅血球，在內發育，鎌刀型紅血球的過早破裂使瘧疾原蟲不能繁殖，因此在瘧疾盛行區，帶有鎌刀型紅血球基因的人比較容易存活。

其實，**細菌是人類的老朋友，在演化的過程中，它們一直是我們身體的一部分**，如細胞中的粒腺體，遠古時是個細菌，進入我們細胞中後，成為提供我們能源的工具，跟我們共生。接種疫苗就是使你生一場小病，用它來刺激你的免疫系統，產生抗體，預防大病。

水土不服也是細菌的關係，美國人到日本常會瀉肚子，因為他們腸道中沒有消化海藻的酶，這個酶可以消化海藻中的含硫碳水化合物。但是久住日本的美國人就不再瀉肚子，因為他們腸道的菌群改變了。

所以既然到處都有細菌，早一點接觸會比晚一點好，越是在小的時候出麻疹，越沒有關係，反而長大後再出麻疹，有時會送命。

正確的觀念可以阻止悲劇的發生，我後悔沒有早一點去探訪朋友。

2 自閉症與細菌有關？

早晨去公園運動時，看見三個歐巴桑一邊做體操，一邊聊天。她們的聲音很大，即使不想聽也沒辦法，我聽到一個聲音說：「這個自閉症是什麼？如果是頭殼的問題，為什麼不是檢查頭，而是檢查糞便？」另一個聲音說：「這個醫生會不會有問題？頭生病怎麼跟肚子有關係？」因我已走遠，聽不清了。

我們一般都認為細菌不好，其實細菌也有好的，盤尼西林就是細菌，把森林落葉分解成腐植土的也是細菌。近來有很多研究都發現，自閉症、巴金森氏症、阿茲海默症跟腸道中的微生物有關係。

我們身體中有億萬個微生物，其中八〇%在消化道，大腸中最多。腸胃是我們第二個大腦，它有一千億的神經元，跟大腦中一樣多。這些神經元在腸壁上，透過迷走神經把腸道中的訊息傳回大腦。很多重要的神經傳導物質也在腸道製造，例如5-羥色胺是血清素的前身，九五%在腸道，五%在大腦，血清素跟記憶、睡眠、情緒有關，很多抗憂鬱症的藥，如百憂解，都是阻止血清素的回收；多巴胺也是五〇%在腸道；免疫細胞則有七〇%在腸道。血液中大約有七〇%的物質來自腸道，其中三〇%的小分子是腸道微生物製造的物質，**腸道中的細菌還跟認知能力、記憶、學習有直接的關係**。

有一個實驗是給十週大的老鼠抗生素，把牠們腸道內所有的細菌都殺死，結果發現這些老鼠的空間記憶明顯下降，且有抑鬱的行為出現。其他的實驗也發現腸道缺乏微生物時，大腦的運作會不正常，尤其腸道中的細菌會分析我們身體缺乏什麼營養素，透過迷走神經把訊息傳給大腦，大腦便使我們想吃富有那種營養素的食物。例如實驗者先把老鼠腸道中所有的細菌殺光，然後給牠不同的食物吃，結果發現牠會去選富有原來腸道中細菌的那種食物。孕婦在懷孕時會特別想吃某些東西，很可能就是腸道中的微生物在告訴身體某樣元素匱乏了。二十四孝中的「王祥臥冰」，他的後母在吃了很想吃的鯉魚後，病就好了，或許也是這個原因。

自閉症兒童腸道中，梭菌的數量很多，有九種是正常兒童腸內沒有的，醫生懷疑有些梭菌會釋放神經毒素，透過迷走神經進入大腦，抑制神經傳導物質的分泌，引發自閉症的各種行為。自閉症的孩子對味道、氣味等感官刺激非常敏感，吃東西也異常挑剔，他們便祕、腹瀉是正常兒童的七倍，情緒控制也比較不好，所以懷疑他們腸道的微生物有不平衡是合理的。

自閉症的原因目前不清楚，只知它是胚胎初期大腦發育的不正常，和染色體二、七、十八、二十二有關。因為原因不詳，醫生只能從各個方面試著減輕它的症狀。或許以後醫院要多印些小冊子來教育民眾，不然病人抱怨，醫生耳朵會癢個不停。

3 吃什麼補什麼？

報紙上有一則養生食譜，標題是「吃腦補腦」，這個題目在考試季節大概是最受歡迎的，可以想像很多媽媽把它剪下貼在冰箱門上，告誡孩子要多吃腦，才會考上理想的學校。很可惜的是，文章裡的許多觀念都是不正確的。**「吃什麼補什麼」其實完全沒有科學上的證據**，就像小孩子「吃什麼會像什麼」一樣是無稽之談。

這篇文章中還說「核桃的皺紋越多，補腦的效果越好，就像人腦，皺紋越多越聰明」。這段話是不正確的，核桃如果能補腦，完全是因為它裡面有豐富的植物性蛋白質，美國因為不像台灣有這麼多的豆類製品（豆腐、豆干等），所以素食者常在沙拉中加一些堅果如核桃之類以補充蛋白質，蛋白質是細胞生長必要的東西，任何有蛋白質的東西都可以補腦，也可以補全身。

至於「皺紋越多就越聰明」的說法，目前還沒有任何一個研究支持它。以前曾有人認為腦越大越聰明，這個說法在中外都流行過，只不過台灣人到現在還深信不疑。

「腦大即聰明」最早是一八五五年德國的華格納（Rudolph Wagner）提出的，他研究了數學家、物理學家和天文學家高斯（Carl F. Gauss）的腦，發現高斯的腦雖然只有一四九二公克，與一般人差不多，但是他的腦溝紋很深。我想「腦皺紋越深就越聰明」的說法就是從這兒來的，可惜的是，華格納的理論並沒有受到支持，因為他陸續找的五位德國教授的腦，都沒有比較重或有比較深的溝紋。他最後被迫承認，腦的重量和溝紋的複雜度與聰明智慧沒有什麼相關。

但是這個說法已經深入人心，因此，在他之後，還是有許多科學家繼續收集名人的大腦做比較，其中最有名的就是美國神經學會的理事長史皮茲卡醫生（Edward Spitzka）。他收集了一百三十個名人的大腦，包括貝多芬（Lugwig van Beethoven）、林肯（Abraham Lincoln）、屠格涅夫（Ivan Turgenev）、列寧（Vladimir Ilyich Lenin）、艾格西（Louis Agassiz，哈佛大學自然歷史學家）等。其中最重的是屠格涅夫的腦：二〇一二公克，比一般人的腦重了整整五〇％，但是他找來找去，都沒有找到腦的大小、溝紋的深淺和聰明之間的顯著相關。科學家最後放棄這個說法，所以吃腦補腦以及腦的皺紋越多就越聰明的說法，是沒有科學根據的。

那麼，什麼才是增進聰明的最佳方法呢？適當的營養當然是不用說了，最主要是放手讓孩子自由探索，經驗新奇的東西，經歷不同的過程。一隻可以自由跑動、玩各種玩具的老鼠，牠的腦神經網絡之間交錯分枝的情況，比關在家徒四壁籠子中的鼠弟兄濃密許多，神經的網絡複雜度，代表著訊息傳遞的快慢以及觸類旁通的效應。多讀書也是一個好方法，人的經驗本來是要以時間換取，但是人壽有限，如何以有限的生命換取無限的知識呢？最好的方法就是透過書，從別人身上獲取他已有的經驗。在英文裡，intelligence（聰明）和 wisdom（智慧）是不一樣的。wisdom 的層次比 intelligence 高，因為 wisdom 還包括人生的經驗。

我覺得我們台灣太迷信 IQ。**聰明固然重要，但是堅毅才是成功的真正條件**。耶魯大學的心理學講座教授史登堡（Robert Sternberg）在列舉聰明人為什麼會失敗的原因中，第一項便是毅力不夠。或許我們應該多注重一點孩子堅毅品格的培養，少灌輸一些填鴨式的知識，在電腦化的二十一世紀，記憶力的好壞已經不重要，因為電腦可以比人腦記得更多、更周全，我們要的是組織這些知識的能力以及百折不撓的做事精神。

4 學習的關鍵期

隔壁鄰居帶著她的小女兒到美國遊學一年，現在回來了，小娃兒一年不見，長高許多，英語說得字正腔圓，流利得很，可是她的母親依然是濃重的中式美語，沒有什麼進步。

這真是一個奇怪的現象，所有的事情都是大人做得比孩子好，只有語言學習是孩子學得比大人快，心理學上有個「關鍵期」（critical period）的名詞，意思是說：「學習的時機有限，過了關鍵期再學，就學得不那麼輕鬆自如了。」但這只是用一個名詞解釋一個現象，並沒有告訴我們為什麼過了關鍵期就不容易學，到底背後的原因是什麼？語言心理學家發現，七、八個月大的嬰兒便能分辨世界上所有語言所用的音素（語音的最小單位）之間的差異，一個在英國的嬰兒，在八個月大時，可以分辨出印度語和美洲印第安語言裡的音素差別，但是到十二個月左右時，嬰兒這個能力逐漸消失，他們對區辨自己母語裡所沒有用到的音素的能力幾乎就不存在了。這就好像在美國（或任何地方）出生的日本嬰兒可以正確的區辨 r 和 l，但是他們的父母就沒有這個能力。

說起來，這真是一件不合理的事，假如我們小時候有將所有語言學習到母語那麼精熟程度的能力，為什麼長大後要丟棄這個能力？如果不失去它，我們不是可以輕鬆自如的漫遊世界、說各國的語言嗎？而且所有的能力都是從無逐漸到有，很少是先有，然後逐漸消失的。

麻省理工學院的平克（Steven Pinker）教授認為，這是人類大腦演化過程的必然結果。他說**人類的大腦經過幾千萬年的演化才到今天這個大小，要增加大腦的容量，其實不是這麼簡單的事，所以我們必須盡量利用現有的資源**。我們的大腦好像一個經濟拮据的劇團，每一次公演完就立刻要把所有的道具回收，做為下一次公演之用。他認為小孩子八個月時的牙牙學語，就是在聽自己發出來的音，糾正它，練習發自己母語的音，然後把與自己母語無關的語音逐漸丟棄。到十八個月的時候，嬰兒開始所謂的語言爆炸期，詞彙快速的增加，到六歲時擁有六萬個詞彙。平克認為，十二到十八個月這段時期，就是大腦把區辨各種語音的資源回收，轉變成後來語言學習資源的時期，嬰兒只要保留一些能夠供他作區辨自己母語中音素的能力就好了。

細想起來，這真是一個有趣的理論。因為以前交通不發達，既沒有船，也沒有飛機，人一輩子就生活在他出生的一百里方圓之內，根本沒有學習不同語言的必要，會講母語就足以應付日常生活的需要，所以完全沒有保留區辨所有語音能力的演化壓力。不像現代人可以一日千里，同一天可以往返各大洲、各大洋，要換說好幾種語言才能達到溝通的目的。到下一世紀，整個世界變成地球村，人必須能講許多不同的語言才能做一個世界人，到那時候，演化的壓力或許會迫使我們的後代繼續保有區辨所有語音的能力。當然，世界變成地球村之後，也有可能全世界的人民都說一種共同的語言。但是，那樣的世界，會不會很無趣呢？

5 所謂「莫札特效應」

台灣的夏天，艷陽高照，曬得馬路都軟了，在這大熱天裡，意外的在街頭遇到當年堅持一白遮三醜，從教室到廁所都要打傘的大學同學，在大太陽下送她的孩子上音樂班。她看到我很高興，問我音樂是否可以幫助空間推理能力的發展，因為她四十歲才得這個龍子，絕對不能讓孩子輸在起跑點上，暑期一週三次送來學聽莫札特的音樂，開學後一週一次。我聽了一時不知該怎麼說才好，學音樂是很好，但是動機不對，而且這個「莫札特效應」（Mozart effect）已經證實無效了。

一九九三年，美國加州大學爾文分校的三位心理學家，在《自然》雜誌（*Nature*）上發表一篇報告指出，他們給三十六名大學生聽十分鐘莫札特（Wolfgang Amadeus Mozart）D大調雙鋼琴協奏曲後，再給學生做史丹佛－比奈智力測驗（Stanford-Binet IQ Test）時，學生的空間推理能力增加了九分。這個驚人的發現，立刻上了《紐約時報》（*New York Times*）的頭版，報紙一披露之後，莫札特的CD被人搶購一空，父母買了放在小寶貝的床頭，二十四小時播放莫札特。喬治亞州的州長米勒也成立一個專案小組，贈送全州每一個年輕媽媽莫札特的CD，希望提昇喬治亞州孩子的空間能力。別州也立刻跟進，許多幼稚園也都特別標榜古典音樂教學環境，小孩子在吃午飯時聽莫札特，在操場上玩時擴音器也放著莫札特，有一陣子真是走火入魔，牧場給母牛聽古典音樂，希望牛乳會多一些；家庭主婦給盆栽聽莫札特，希望葉子長得綠一些。

但不久後就有研究者發現，如果不用莫札特而改用舒伯特（Franz Schubert）的音樂時，這個效應就不存在。一九九九年七月，心理學期刊上有兩篇文章同時宣稱，用同樣的方法無法得出同樣的結果，他們給孩子聽現代音樂或聽故事，結果三組學生的智力測驗成績沒有什麼差異。莫札特和舒伯特是差不多同一時期（莫札特1756-91；舒伯特1797-1828）的人，作品風格很相似，當學生聽莫札特有效應、聽舒伯特沒有效應時，我們就應該對它抱著懷疑之心了。

一九九三年三月，《自然》雜誌上又登載了一篇文章，美國費城賓州大學附屬醫院的一位醫師發現，零到二歲的時候如果開燈睡覺，小孩子近視眼的比例比較多。他調查了四百七十九名二至十六歲的孩子的睡眠習慣，請母親回答孩子在二歲之前夜間睡眠開燈的習慣如何，結果發現晚上不開燈睡的孩子，只有一〇%的近視；晚上開小夜燈睡的孩子，有三四%近視；而晚上開大燈睡覺的孩子近視的比例有五五%，於是他下結論說：開大燈睡覺對孩子眼睛的發展不好，孩子需要一段完全黑暗的期間幫助眼睛發展。

這個研究是一個相關的研究，不是一個因果關係的研究，不可以導出因果的結果。但這個訊息已在國內的科技報導上刊出，我相信一定有許多父母趕快去買眼罩給孩子戴，以確保晚間睡眠是一片黑暗。

對於科學發現的解釋應該要小心，隨便解釋這種研究其實是很危險的，它會誤導很多父母，讓孩子受許多不必要的罪。這個研究沒有排除許多混淆變項，例如父母是否有近視、家庭的社經地位以及孩子的閱讀習慣等等。因為父母有近視的話，孩子可能遺傳到近視的體質，也容易變成近視；而連小夜燈都不開的家庭，很可能經濟情況不太好，家中也不會有許多書和電腦耗費孩子的眼力。最主要的是，這個研究沒有調查孩子的閱讀習慣，估算每天看書的時間，如果小孩整天在外玩耍，不看書或無書可看的話，眼睛也不會近視。

科學的領域就像任何其他的領域一樣，良莠不齊，有的時候是媒體沒有瞭解實驗的真義把它誇大了。**對任何資訊，我們應該要有獨立思考的能力和判斷的能力，才不會上當**。一個報導如果與常理（common sense）有出入時，我們應該抱著懷疑的態度，不可盡信。對任何廣告說詞，在掏銀子之前，我們要問問自己：這個廣告確實嗎？人可以拉得高嗎？速讀來得及讀進去嗎？聽音樂可以增加智力嗎？右腦可以分開單獨訓練嗎？不運動可減肥嗎？如果你有任何的懷疑，請相信自己的 common sense，大多數的廣告詞是誇大的，那個冤枉錢還不如留下來給你的孩子買書。看書還是唯一增加智慧最簡便的方式，當孩子打開一本書的時候，他就打開了一個世界。

6 輸羊血會變羊？

地震過後，在台灣難得一見的同胞愛都發揮了出來，大家揮汗如雨在烈日下排隊捐血，連路過的外國人都挽起袖子，加入行列。

在我前面排著一位高大的黑人，我後面有兩位女學生竊竊私語：「你看，前面那個黑人，他的血不知有誰敢用！輸了血會不會變黑白混血兒？」另一個則很天真的問：「黑人的血是黑的嗎？」我聽了為之氣結，我們是黃種人，難道我們的血是黃色的嗎？看看這兩位染了髮的年輕人，我深深覺得我們的科學教育沒有生根，我們的普通常識沒有普及，最可怕的是這些孩子不會推理，不能從已知的（他們小時候一定有割破手、跌破皮）推論未知的。

其實對血液的知識我們的確有許多誤解。自古以來中、外都有這種觀念，認為喝年輕人的血可以返老還童，長生不老。一四九二年，教皇英諾森八世（Pope Innocent VIII）在彌留時，曾經用了三個年輕人的血來挽救他的命，結果四個人都死了。歷史雖然沒有記載他是怎麼「用」的，但是因為當時還沒有輸血的技術，所以估計可能是用喝的。到十七世紀哈維（William Harvey）發現血液循環之後，人們又燃起對輸血的興趣。

一六六六年，英國皇家學院進行一序列的輸血實驗，以驗證血液會不會改變人的性格。他們想知道一隻兇猛的狗輸了哈巴狗的血後會不會變得懦弱，這隻狗是認得牠原來的主人還是認得哈巴狗的主人等等。甚至有人想把一個瘋人的血輸入正常人的身體中，看看這個人會發瘋嗎？一六六七年，真的有人想做這個實驗，他們去找倫敦的貝倫（Bedlam）瘋人院院長要人，幸好這位院長一口回絕，沒有讓他們得逞。但是他們並不氣餒，另外找了一名「自願者」，給他一英鎊，把羊血輸進他的身體，看看他說話時會不會學羊叫，會不會喜歡吃草，身上會不會長出羊毛來等等。早期的人還很有頭腦，他們想身體的血管是封閉的，要在固定的容器之內添水必須先放掉一些才行，因此在輸入羊血之前先替這個人放血，以免血液太多，血管會爆炸，所以他們先替他放掉八盎斯的血，再輸入八盎斯的羊血。很奇怪的是，這個人居然沒有死，除了拉三、四次肚子之外，並沒有什麼不適。過了三個星期，他需要錢用，又自願接受他們輸了一次血，不過這次輸得更多：十四盎斯，這個人居然又沒有死，活得好好的。

消息因此傳開，很多人躍躍欲試想返老還童，但是一六六八年一位法國的醫生如法炮製時，他的病患卻死了，死狀之慘嚇壞了許多想延年益壽的人，所以輸血之事便銷聲匿跡了二百年。一直到一九〇〇年科學家發現血有許多不同的抗原和抗體後，輸血才變成一件不危險的事。但是真正開始大量用到人身上，則是第一次世界大戰的時候。戰爭有時是奇妙的催化劑，它使人急速成熟、技術快速成長。

現在回顧以前這段歷史，會覺得人怎麼可能這麼愚昧無知，怎麼會以為輸了這個人的血就換了這個人的人格。但是從這個例子我們也可以看到科學偉大的地方，當它告訴我們「為什麼」時，我們便不再愚蠢，我們便超越了祖先。我們現在所有的一切都是祖先、甚至父母那一代所不能想像的。一九二七年林白（Charles Lindbergh）駕駛聖路易精神號單引擎飛機橫渡大西洋時，萬人空巷爭睹他的風采，當時認為是創世紀之舉，但是一九六九年六月美國太空人登陸月球之時，林白本人坐在貴賓席上觀看太空梭的發射。這五十年間，人類從腳踏車、汽車、飛機，到登上月球，兩個創世紀的事件在同一個人有生之年發生，科學的進步不可謂不低。

同樣的，在一九五三年我們才剛剛發現 DNA 的結構是什麼，一九九七年複製羊就已經出現了。這短短的五十年之內，我們所知道的東西超越了過去的五千年。所以**科學已經不再是科學家之事而是眾人之事，它深切地影響著我們日常生活的一點一滴。**

對於台灣的科學教育，我認為我們還需要加把勁，有些常識錯得離譜。事實上，達爾文（Charles Darwin）的表弟高頓爵士（Sir Francis Galton），就做了一個簡單的實驗，他把黑兔子的血輸入白兔子中，發現白兔並沒有生下黑色的後代，所以他就知道血液沒有攜帶遺傳因子。**或許我們的科學教育欠缺的就是那一點「動手做」吧！**也就是說，從提出假設，再根據假設設計實驗，有了設計就動手做實驗，再從結果理解事件的因果關係。唯有如此，才能去除人們原先那些模稜兩可的想法。美國已故的天文學家薩根（Carl Sagan）說得好：「科學是人類文明在黑暗中摸索前進的最後一盞明燈！」

7 安心，病就好一半

母親身體不適，囑我打電話向某大醫院預約掛號，我從大牌醫師開始掛起，語音回答都說已經額滿，連續幾次都是如此。望著母親焦急的眼神，我心中暗暗叫苦，掛不到號，母親會從「當初叫你去念醫學院，你不聽，如今……」開始念起，整天耳朵都會癢。幸好，在不指定醫師的情況下，終於被我掛到了。

看診當日，一見到醫師，立刻瞭解為什麼我會掛到號，因為醫師太年輕了，好像剛剛畢業的樣子，難怪大家有點怕怕的。我有點後悔，但是轉念一想，老人家的病沒有什麼大不了，既來之則安之吧！坐下後，這位醫師態度親切，噓寒問暖，在聽心臟和肺臟時，還會先用手掌把聽筒溫熱一番，以免冰冷的聽筒接觸到老人家的皮膚，讓老人家嚇一跳。他問母親病況，母親便從盤古開天講起，我在一旁著急，因為醫師的時間寶貴，一寸光陰一寸金；但是這位醫師絲毫沒有不耐煩的樣子，稱讚母親平日保養得好，這點小毛病吃三天藥就好了。

出來後，母親的病似乎好了一半，滿面笑容，提議吃完飯再回家，和來時有氣無力判若兩人。我心中嘖嘖稱奇，醫師的態度竟有這麼大的效力。我想起有人說，十九世紀的醫師都是憑個人的魅力治病，因為在盤尼西林發明以前，醫師其實是做不了什麼事的，給的都是像安慰劑那樣的藥，但是醫師的態度令病人安心。病人安心，病就好了一半。

在醫學研究上，安慰劑效應是個很重要的議題，因為至少有三五%的藥效是來自安慰劑效用。一九五〇年代，有好幾個實驗清楚的呈現出安慰劑的神效，那時對病人權益的保護還沒有像現在那麼先進，有一個實驗是由醫師告訴懷孕的婦女「吃了這個藥就會減少早晨的噁心和嘔吐」，但是這個藥其實是會使孕婦更加噁心和嘔吐的，因為這個藥就是和孩子吃錯東西送到醫院去洗胃時，醫師用的催吐藥是一模一樣的。這位醫師同時還讓這些孕婦吞一個很小的汽球到胃中，使他可以測量胃收縮的情形，結果這些孕婦不但沒有嘔吐，胃也沒有收縮。

第二個實驗是一九六四年在美國麻省醫院所做的一個研究，在美國手術之前，動刀的外科醫生和麻醉師通常都會先來病房，向病人及家屬解釋一下開刀的程序，和所用的麻醉方法。這個實驗把病患隨機分成兩組，兩組病人的年齡、性別、得的病、病嚴重的程度及手術的種類都很相似。控制組的病人在手術前一天見到麻醉師時，醫師很簡短的自我介紹：「我是某某大夫，明天我要替你做麻醉，不要擔心，一切都會平安順利的。」說完就離開了。實驗組的病患也是見到同一個麻醉師，但態度就大不相同，他坐到病患的床邊，雙手握著病患的手，眼睛看著病患，微笑著對他說：「不要擔心，明天一切都會平安順利。」和病患聊了五分鐘才走。第二天，病患接受手術，外科醫師和護士都不知道這個病患是屬於哪一組的，手術完後，病患可以依實際需要要求止痛劑止痛。結果，實驗組的病患所用的止痛劑只有控制組的一半，而且比控制組早二．六天出院。五分鐘的關心竟有這麼大的效果，難怪人家會說，一八五〇年以前的醫學史是個安慰劑效應的歷史。

醫師對病人的態度在醫療上有這麼大的心理效用，但是我們在教學生時卻常忽略這個層面，我們拚命的灌輸學生知識，卻忘記教他們做醫師的基本精神。尤其我們的醫師是高中畢業、聯考時憑分數分發到醫學院的，並沒有經過性向測驗或面試，許多會考試會讀書的人並不見得適合當醫師，許多醫療糾紛並不是醫師的醫術不高明，而是態度不好，沒有站在病患的立場替病患著想，下的決定是為了醫師的方便而不是為了病患的福利，以致引起許多糾紛。像我母親在台灣最大的教學醫院動手術時，雖然手術排的是下午兩點，但是早上八點醫師就來插胃管了，原因是他現在有空。像這種沒有愛心的例子俯拾皆是，也難怪病患如果碰到一位和藹的醫師便喜出望外、感激不盡，殊不知這本是常理，而我們在台灣所碰到的現象是異態。

在邁入二十一世紀的今天，我們是否應該重新全盤考量醫學教育的目的和篩選醫師的方法呢？

8 愛惜你的耳朵

在捷運車上，我旁邊坐著一位年輕人，耳朵裡塞著耳機，但是音量調得非常大，使得坐在旁邊的我都可以感受到空氣壓縮（聲音的振幅）的澎澎聲。我很想告訴他，這樣會損壞他的聽神經。

人一生下來，耳朵裡大約有三千五百個聽神經細胞，假如長期暴露在噪音底下，神經細胞就會死亡。當音量超過一百二十分貝時，每七秒鐘就會造成一個神經元的死亡（超過八十八分貝以後，每增加三分貝，暴露在該分貝噪音之下所造成神經死亡所需的時間縮減一半，即八十八分貝需四小時造成一個神經元的死亡，九十一分貝就只要二小時，以此類推）。可怕的是，聽神經的損壞是個不可逆轉的事情，聾了就是聾了，無法挽回。望著他年輕的臉，我想他是不知道這個後果的嚴重性。

事實上，大多數的孩子都不清楚他們行為後果的嚴重性，所以才會發生學生開玩笑把同學的椅子拉開，使同學一跤摔到地上腰椎受傷，一輩子不良於行；或是用柳丁從二樓丟擲同學，打瞎眼睛；以及在走廊上揮舞美工刀，一刀刺死老師等因無知而造成的不幸事情。像這種所謂的普通常識，我不知道究竟應該是學校要教還是家長的責任，但是我知道使孩子有普通常識最好的方法是多讀書，從別人的經驗中獲取自己的教訓。

經驗本來是要靠時間換取，但是人不可能樣樣事都自己經驗，我們最缺的就是時間，因為生命是有限的，因此，**讀書就是從別人的經驗中換取自己常識的最好方法**。我們應該想辦法鼓勵學生，希望他們在寒暑假中讀些書增加一些普通常識。

另外一個使學生立即領悟某件事後果的方式就是：**親身體驗失而復得的感覺**。比如說，讓他經驗一下寂靜無聲的世界是個怎麼樣的情形，他們就會愛惜聽力。台灣的社會實在太嘈雜了，宴會中卡拉OK的聲音震耳欲聾，絲毫不考慮人的耳朵是關不住的，不能像眼睛一樣，閉上就不去看它。強迫收聽的痛苦，恐怕只有在文革期間在大陸坐過火車的人可以體會。我們的餐廳也是分貝高到聲嘶力竭還聽不見對面人說的話，更不要說喪宅在大馬路上搭棚子用擴音器誦經，死人吵得活人不安，恨不能替他去死。

其實聽覺是五種感覺中最早形成（聽力在胎兒七個月就發展完成）、最後離開人體的一種感覺，在醫學院中我們常常告誡學生，在病房中不要當著病人的面說：「沒有救了，你們抬回家去吧！」因為你會發現躺在床上一動也不能動，好像沒有知覺的病人會流下眼淚來——他聽得見！

美國維吉尼亞州有一個小女孩因車禍腦震盪，陷入昏迷的狀態十二天。她的母親在她耳朵旁邊放她喜愛的耶誕節聖歌，有一天發現她的臉上有淚痕，她甦醒過來了。她說她感覺自己在一團霧中行走，找不到方向，正在厭煩、想要放棄時，聽到一個天使般的歌聲，她順著這個女高音的聲音走，這美妙的聲音就引導她出了濃霧，醒了過來。難怪在電影《刺激一九九五》（*Shawshank Redemption*）中，男主角拚著關禁閉的處罰，也要鎖上門聆聽莫札特歌劇《魔笛》（*Magic Flute*）中的詠嘆調。

曾有人問海倫．凱勒（Helen Keller）聾和瞎，她覺得哪一個嚴重，如果讓她選的話，她會寧可聾還是寧可瞎？海倫回答道：「**視盲使你看不見東西，聽聾卻使你與世界隔絕**。」瞎子雖然看不見東西，但是他有著正常人溝通的工具——口語，假如你不注意，你不會知道他是瞎的，他還是團體的一分子。耳聾卻把人與社會隔絕了，聾人無法參與別人的談笑，他生活在自己的孤獨世界裡，所以海倫說兩害取其輕，她寧可瞎而不願意聾。

知道了聲音對我們內心世界的重要性，我們能不愛惜這個接受天籟的器官嗎？

9 青春可以換智慧

一位心理學家在網路上向全世界的網友詢問他們對於自己身材的滿意度，結果在四千名網友的回應中，他發現五六％的女性對自己的外表不滿意，男性則有四三％；在十三到十九歲的青春少女中，六二％的人認為自己過胖，六七％的三十歲以上男性認為自己發福太多；最令人驚奇的是二四％的女性願意縮短三年的壽命換取一副理想的身材，一七％的男性也願意這樣交換。

這真是一則觸目驚心的數字！世界上竟有一半以上的女性對自己的外表容貌不滿意，竟有四分之一的女人願意為了身材而犧牲三年的壽命！難怪瘦身、塑身企業一躍而成近年來最賺錢的行業，連平日省吃儉用的歐巴桑，都願意大把銀子的往外掏，企圖換一副窈窕的身材回來，找回她失去的青春！

姑且先不論這些減肥方法有沒有效，我們要問的是，為什麼有這麼多的人對自己沒有信心，要靠「膚淺」（skin deep）的外表去求注意？

胖瘦其實是一種心態，沒有一定的標準，所謂「情人眼裡出西施」，並沒有絕對的標準說瘦子就一定比胖子好看，楊貴妃不是就很「富泰」嗎？維娜斯女神也是胖得很。其實我們都曉得外在美是曇花一現，內在美才是長久的。美如瑪麗蓮・夢露（Marilyn Monroe），在嫁給名作家亞瑟・米勒（Arthur Miller）之後不到三個月便離婚了。人們十分不解的追問米勒，別人追都追不到的性感女神，你為什麼還要捨棄呢？米勒回答：「不能開口的女神，看了三個月也夠了。」有內涵，有思想，有風度，有談吐，才是吸引異性的要訣。一味的在外表上下功夫，不去追求自我境界的提昇，就是瑪麗蓮・夢露再生都不能保證幸福，更何況瑪麗蓮・夢露一點都不幸福，她最後是自殺死的。

其實，一個骨瘦如柴、無精打采的女孩，絕對不會比一個體態豐腴、神采奕奕的人來得有吸引力。人到中年，新陳代謝轉慢，自然就形成「中廣」身材，**青春美貌雖然會隨著歲月流逝，但是換來的應該是智慧、成熟**。一個有智慧的成熟女人，應該比年輕人更有吸引力，因為「智慧」就像醇酒，越陳越香，更何況青春的吸引力不在體型的胖瘦，而在生命的活力。**年齡並不是老化的標準，心情才是**。

人是生物，一定會老，只要健康，中廣又何妨，實在不必刻意的節食，吃減肥藥，喝減肥茶，花錢傷身。過去曾有好幾個因喝減肥茶引起肺阻塞性細支氣管炎導致需要換肺的病例，而且已有兩人因等不到肺臟而死亡了。為了換取表面的虛榮而喪失寶貴的生命，這是多麼的不值得。

真的是應該從對肉體的迷戀中走出來了，當我們花一百萬瘦身時，請想一下瑪麗·蓮夢露，請用一萬元去買書吧！你會得到更好的報酬率。

10 暗潮洶湧的沉默之腦

當我還是小孩子的時候，有位王伯伯常到我家找父親談天，每回他來都不曾空手，總是拎了很多東方出版社的兒童讀物或漫畫書給我們看。在那個資訊缺乏的年代，童書不多，就算有，也不是我們八口之家負擔得起的，因此，王伯伯的到臨變成小時候熱切盼望的事。從大人口中，我們知道他曾是大陸上某省的首席檢察官，人家都恭稱他為王首席，撤退來台後，在公家機關做個小主管，日子很過得去。

後來，不知為什麼，王伯伯有一陣子沒來我家，再來時，母親就不准我們出去客廳。客人走後從門縫中我偷聽到父親嘆氣說，好好的人怎麼會變得這個樣，母親說：「大嫂沒跟來台灣，人老了就是老不羞，還有什麼話講！」這個曾被父母奉為上賓的貴客突然變成拒絕往來戶，這其中的機關足以引起強烈的好奇心。所以經過我們姊妹努力的偷聽後，大家把聽到拼在一起，得了一個大概，好像是王伯伯洗澡出來時跌了一跤，撞到洗臉檯昏了過去，醒來後不久，人就開始變怪了。

他先是調戲辦公室倒茶水的阿珠，被阿珠的先生告到上級去；一案未了，又涉嫌強暴宿舍的下女，二案併發就貶到鄉下某處去了，所以許久未來我家。後來聽說他的毛病不改，碰到女人就要拉人家拉鍊，連那個工作也不保，開始四處流浪。我最後一次看到他，是在準備初中聯考時，父親塞給他一些錢，母親站在屋角流淚，他用濃厚的鄉音向父親道謝，裡面還摻雜著粗話。我非常驚訝他會說髒話，因為在我心目中，他是最溫文儒雅的「首席」，我感到十分的不可思議，但是聯考在即，即使好奇，也沒有時間探究，後來他就從大人的嘴裡消失了。

二〇〇〇年三月，我去多倫多開大腦前額葉的會議，會中有一個醫生放了一段前額葉病人的短片以及他大腦的核磁共振造影圖，一剎時，時光倒轉四十年，我在美國小鎮病人的身上看到了王伯伯的影子。在大腦前額葉底部（醫學上稱為四十七號區）的地方，是專門負責抑制作用的，那個地方受傷後，病人無法抑制他心中想說的話、想做的事。偏偏額葉是我們作計畫、執行許多心智功能的重要地方，這個地區受傷後，病人常分不清事情的輕重緩急，該做的沒做，不該做的做了一堆，說話也不管場合與時機是否得當衝口就出，因此常會討人厭。尤其是抑制機制失常後，他想到一個念頭就立刻執行，因此會有調戲、強暴的事情發生。王伯伯一定是在跌跤後，前腦受了傷，細胞壞死，但是沒有人知道。人家怪罪於他老不羞，卻沒有想到他是大腦受了傷，身不由己。

現在科技的進步，使我們可以在線上（on-line）看到人的大腦工作的情形。於是我們逐漸瞭解，過去我們認為是品德不修、意志不堅的行為，其實是大腦作祟，家有阿茲海默症病患的，常常驚訝於人的行為竟然這麼受大腦的控制，神經細胞一壞死，外表上還是同一個人，但行為和心智上竟可以變得這麼陌生。**大腦的前額葉以前被稱為「沉默的腦」，現在才知道沉默的底下，暗潮洶湧，它畢竟是我們心智的所在！**沒有它，我們也失去了自我。

11 左利不是「壞手」

核磁共振的腦造影研究發現，口吃的人在自發性的講話時（如請他描述今早是怎麼到醫院的），右腦激發的程度比左腦大，與一般人在說話時左腦比較活躍的情況正好相反。因為口吃的人唱歌並不會口吃，照著書念或和別人一起朗誦時也不會，所以我們會以為當他照著念一段很熟悉的文字時，會是左腦比較活躍，但他們卻是右腦比較活躍。這說明雖然外表行為不一樣了，大腦內部活動的地區仍然一樣。這真是非常的有趣，代表他們其實是個右腦主控的人。這使我想起，許多左利者（慣用左手的人）被父母師長硬改為右手時，也常會有口吃的現象發生。這很可能是左利者的右腦是主控腦，被硬改過來時，產生干擾作用，造成行為上的偏差。

左右手這個問題一直困擾著許多父母，雖然心理學家一再強調，沒有任何證據支持慣用左手有什麼不好，許多父母仍然堅持把孩子的手改過來。這種堅持的結果，輕則造成親子摩擦（有個孩子連飯都端到廁所去吃，因為只有在廁所他可以逃避母親監視的眼光），重則造成學習障礙，因為提起筆就勾起被打手的回憶，寫字讀書變成一件令人厭惡、恐懼的事。

在父母身上，我看到傳統文化習俗的力量，父母說因為大家都是右手，只有他一個人是左手，與眾不同，所以一定要改過來。其實這個不能容忍「異己」（與自己不同的人）是演化來的行為，我們在動物身上也看得到。珍・古德（Jane Goodall）曾報告說一隻黑猩猩得了小兒麻痺症，病了好幾天後，拖著殘軀出現在黑猩猩群中，想不到大家對牠的大難不死不但不高興，反而很敵視，因為牠的後肢不能動，行為不一樣了；過一會兒，有一隻黑猩猩首先發難，其他的一擁而上，開始群毆。珍・古德看不過去起而干涉（本來觀察者是不干預被觀察者的行為的），但是她救得了一時，救不了一世，這隻小兒麻痺症的黑猩猩終究被牠的同伴打死，再也沒有出現過。

人類在演化的過程中，是以家族為單位的，所以凡是「非我族類」，一定要趕盡殺絕。人在團體中也有非常強烈的與團體一致的心態，因為一旦與團體在打扮上或行為上不一致時，他就被劃成外人，是「他們」而不是「我們」了。這也是青少年行為不管多怪異，只要有幾個人登高一呼，立刻流行起來，因為人人都怕被劃為「他們」，排斥於「小圈圈」之外。

但是現在左利者越來越多，市面上已有專供左利者使用的剪刀、開罐器。當左利者多到一個地步時，它就形成一個力量，社會就會見怪不怪，並開始接納他。左利在國外已經不再視為「異物」，老師家長也不強求改變；國內這方面仍需努力，因為竟然有家長說，一定要改，因為左利者短命，令我啼笑皆非，這個孩子生來就慣用左手，難道硬改成右手就能延長他的壽命嗎？如果說左利者真的短命，那也是右利者加諸他們身上的緊張和壓力，假如大家以平常心待之，不要給他們壓力，他們也能和你我一樣快樂的活很長。**天下事本來就沒有絕對的利弊，何不順其自然，讓孩子有個快樂自在的童年？**

12 睡眠是為了再出發

又到了考試的季節，在公車和捷運上到處可見練就一身工夫、隨時隨地可睡的莘莘學子。看到他們站著的熟睡樣，我很想告訴他們：如果想念好書，什麼都可以省，就是不能省睡眠，因為睡眠不足的話，所念的東西是記不住的。

近年來，心理學的研究已經知道，**一些與記憶和學習有關的神經傳導物質，是要在睡眠時補充的；假如睡眠不足，這些神經傳導物質無法得到補足，記憶和思考能力都會衰退**。所以要有效的達到讀書的目的，睡眠一定要充足。我們同時也知道喝咖啡提神只會使我們不睡，並不能增加讀書的效果，因為這些與記憶有關的神經傳導物質，是一定要在睡眠時才會分泌的。

從現代的知識看來，蘇秦的「頭懸樑，錐刺股」應該是沒用的，如果愛睡到那個地步，大腦中管記憶的神經傳導物質濃度就很低了，即使勉強支撐著，大腦也不管用了。我們都有這種經驗：很累很睏，坐在桌子前面讀書，雖然人並沒有睡著，眼睛也盯著字看，但是字都進不去大腦，一個個浮起來遊盪在空間，一個字要看好幾遍才知道它的意思。像這種時候最好的方法是小憩一下，十五分鐘即可。我上課時如果看到學生打瞌睡，我會讓他趴在桌上睡一下，這樣才不至於整堂課泡湯。愛迪生（Thomas Adison）睡眠的時間很少，但是他累了就常到樓梯間的小房間打盹，休息一下，難怪他一生可以有幾百件的專利，因為他懂得配合生理的需要，將時間的利用發揮到最高點。

睡眠還有一個好處，就是睡覺時人一定會作夢（是的，不管你如何一覺到天亮，你都有作夢，而且還不止一次），而夢可以把白天發生的事，去蕪存菁，整理淘汰一番，節省許多儲存的空間。有一種卵生的哺乳類叫針鼴，因為牠不能作夢，所以大腦前額特別大，使牠可以儲存生存必要的訊息（動物自哺乳類以上就會作夢，而這個刺蝟模樣的食蟻獸是在哺乳類演化階梯層的最下端，所以還沒有演化出作夢能力）。

瞭解我們的生理機制還有一個好處是可以事半功倍。比如說，**知道了記憶在大腦中工作的方式，我們就可以把重要的事務排在早上做，不重要的排在下午**，因為胺類神經元直接參與資訊的取得，如果缺乏胺類神經元的活化訊號是無法存於記憶的。所以古人說「一日之計在於晨」，早上起來背英文生字效果最好；過了下午三點半之後，注意力就比較難集中而容易出錯。現在因為電腦的進步與方便，我們已經不再需要像以前那樣死背了，電腦的記憶體遠大於人腦，我們不需要浪費腦力作背誦之事，可以節省下這些時間與精力做綜合資訊之事，將來那些記憶術或記憶補習班可能就逐漸會被時代淘汰。

望著學生睡不夠的臉孔，或許我們應該重新檢討現下考試的內容，使瞭解性的、綜合性的多於記憶性的，將睡眠還給學生。

13 憂鬱症的時代

正向心理學之父塞利格曼博士（Martin E.P. Seligman）把現在這個時代叫做「憂鬱症的時代」，認為它的普遍性已經與傷風感冒一樣了。根據他的研究，二十世紀初和世紀末憂鬱症的比例是一比十，女性罹患率是男性的一倍，而且發病的年齡一直下降。也就是說，人的物質生活水準越來越提昇，精神生活卻越來越下降。誠如塞利格曼所說的：本世紀人的背後是——「汪洋的眼淚」。

為什麼女性得憂鬱症的比例會大於男性，而且台灣如此，美國也是如此，都是二比一，這一直是深深困擾我的一個數字。因為從腦功能的研究中，我們知道女性忍耐疼痛的能力比男人強（有人開玩笑說，如果大自然是使爸爸懷孕生子的話，世界上就沒有人類了），女人的韌性也比較強，那麼，為什麼女性憂鬱症的比例比男性高一倍？有個研究可以讓我們看出一些端倪，它指出**凡是不崇尚瘦身**、**沒有苗條觀念的社會，憂鬱症比例就沒有女大於男的現象**。這真是一個非常有啟發性的研究，值得我們深思。

從演化的觀點來說，因為女性要懷孩子，青春期之後，女性所吃的熱量會轉化成脂肪（而男生會轉化成肌肉）。一個骨瘦如柴的女人月經往往會停掉，所以女生豐腴一點是有演化生理上的原因。可嘆所謂文明的社會不瞭解人體運轉的機制，一味追求「柳腰」，拚命改變一個塞利格曼稱之為「不可改變」的事情，徒增自己的煩惱（體型與脂肪細胞數目及新陳代謝速度有關）。一九九〇年美國花在減肥瘦身業上的錢是三百億美元，相當於教育、勞工和社會福利的總開支。從一九五九到一九七八年間，美國婦女平均一年增加三分之一磅，但是美國小姐的體重卻是每年減少三分之一磅。當我們越來越胖，而代表時代審美觀的模特兒卻越來越瘦時，我們是否應該停下來想一想，是誰主宰著這個趨勢，我們真的要盲目的跟隨潮流，聽從業者所創造出來的商機嗎？

科學的研究已經告訴我們，劇烈節食之後，人體會改變對能量處理的方式，開始減低新陳代謝的速率以儲藏能量，即使在睡覺，他所燃燒的卡路里也比別人少一〇％。因此，雖然吃得少，但消耗也少，所以結果還是一樣，瘦不下來。而節食的另一個代價便是憂鬱症，減肥的失敗使你感到沮喪和無助，一再的節食，一再的失望，於是就掉入這個永不見天日的黑暗深淵。**觀念的改變是一切改變的根本**，只要我們可以改變社會觀念，這筆錢就可以省下來用到更好的地方。要擺脫憂鬱症，只有從觀念的改變著手，如果科學可以讓人活到一千兩百歲，我們就必須想辦法讓自己活得更快樂一點。

14 快樂是努力付出換來的

我有偏頭痛的毛病，發作時，腦中有如萬人擂鼓，苦不堪言。那時一直很希望自己是痛神經失常症的人，能夠感覺不到痛。直到有一天，我在加州大學醫院中看到一個這樣的小女孩，才知道疼痛對我們的重要性。這個小女孩爬到滾燙的汽車引擎蓋上去坐，而把屁股燒爛了，因為她沒有痛的感覺，所以坐在上面眺望風景，怡然自得，直到她的母親聞到人肉燒焦的味道，才急忙把她抱下來送醫。她曾經切蘋果切到手指，因為沒有痛感，所以繼續往下切，直切到骨頭切不動才停止，你可以想像她的母親走進廚房時，觸目驚心的一幕。看到這個小女孩，使我對頭痛的抱怨感到羞愧，也深感到生命中竟然有這麼一個被我們抱怨，甚至痛恨，毫不感激的疼痛感覺在維護我們的安全。

在哲學上，快樂和痛苦一直是一體的兩面，好像個連體嬰，達文西（Leonardo da Vinci）在他的筆記本上曾有一張素描，畫著一個男人在肚子的地方長出兩個軀幹，有著兩個頭、四隻手，他在旁邊寫道：「快樂和痛苦是連體嬰，它們緊密結合在一起，背連背，誰也少不了誰。他們在同一個軀幹上成長，因為他們擁有相同的基礎，快樂的基礎是痛苦的勞動，而痛苦的基礎是虛榮、淫蕩的快樂。」

我非常同意達文西的看法。**很多人說「追求快樂」，但是事實上快樂不是「追求」得來的，它必須從勞動、從付出換得**。如果僅想去「追求」而不是腳踏實地的獲得，那麼你會追尋一輩子而永遠得不到。我們現在的生活比以前富裕，卻比以前不快樂，而且機械代勞的安逸生活反而使我們遠離自然，難以感受到生活的快樂、生命的尊嚴。我們住在摩天大樓中，享受著恆溫空調，冰箱中存放著處理過的速食品，我們不再感受到辛苦耕種後收成的喜悅，對生活不再有感激之情，認為是理所當然之事。其實滿足是一種內心的狀態，無法以物質比擬的，但是在商業社會中，我們被高度炒作的廣告所影響，以為滿足是外來的，只有擁有名牌、名車才是滿足，才是快樂，這是大錯特錯。

要快樂，我們必須對「擁有」存在感恩之情。假如我沒有偏頭痛，就不會對沒有偏頭痛的日子懷有感恩之心，不會對沒有頭痛的日子感到快樂。假如我們知道「只有失去了才覺得珍貴」，為什麼我們不能有這個智慧，在未失去之前便珍惜眼前所擁有的？

生活的智慧應該是我們教育的目標，我小時曾讀過「晚食以當肉，安步以當車，無罪以當貴，歸真返璞，終身不辱」，假如我們能讓年輕人體會到內心的快樂才是恆久的快樂，說不定這個社會就會少一點暴戾之氣，多一些感恩之心。

15 要長壽，先快樂

中秋節，奉父命去送節禮，順便探望大伯父，一進門，赫然發現原來生龍活虎的大伯呆坐在椅子上，一點生氣也沒有。我還沒坐定，伯母就開始向我數落大伯父的不是：「他有高血壓偏要吃鹹，有糖尿病偏要吃糖，有心臟病偏要吃油，我去買菜他就溜出去買東西吃，一點都不肯跟醫生合作，我們只好輪流看守著……。」大伯父坐在旁一言不發，滿臉倔強，可以看得出來他很不以為然。我看到牆上貼滿大伯父不能吃的東西：咖啡、茶不能，因為有刺激性；蝦、干貝、花枝不能，因為高膽固醇……琳琅滿目，都是不能吃的東西。這引起我的好奇心，究竟大伯父每天吃些什麼呢？我一開口，還不待大伯母回答，大伯父馬上搶先說：清水燉苦瓜，清蒸綠花椰，清水燙A菜……，語氣尖酸憤怒。我突然明瞭大伯父為什麼覺得了無生趣，原來他們把他生活中的樂趣都剝奪光了，雖然這樣做是為了他好，希望他活得久一點，但是，諸多的限制使得生活了無樂趣，反而是催他早死。

在台灣每天打開報紙，幾乎都有「科學新發現××致癌」的觸目驚心新聞，很多以前愛吃的東西現在都變成拒絕往來戶，因為吃了會致癌，究竟這些醫學新知有多正確呢？

細讀原來的論文，你會發現其實大有出入。實驗者給老鼠吃的藥量都很大，我們一般人不會吃到那個地步，如果是用人做，依統計學的原理，它的結果只能應用到生這個病、有這種體質的人身上，不是無限量的類化到所有正常人的身上。比如說，吃鹽對高血壓不好，但是一個正常人即使每天吃七十五公克（普通人日食量的十五倍）的鹽也不會得高血壓，多餘的鹽會從尿中排出。美國心臟協會的前理事長達斯坦（Harriet Dustan）醫師認為，現代人為了長壽，常拿雞毛當令箭，杯弓蛇影，自己給自己找麻煩，他有一次在開會時大聲疾呼說：「天可憐見，不要限制正常人的食鹽量。」

至於飲食控制膽固醇以減低心臟病的說法，原來的實驗設計是找幾千名三十五到五十九歲的中年人，一組吃低膽固醇的飲食，一組吃平常的飲食，過十年後檢測心臟病的發病率；但是研究者並沒有照計畫做，他們給實驗組吃的是降低膽固醇的藥而非飲食控制，結果發現降低膽固醇一個百分比，可以減少心臟病的發生二個百分比；如果降低膽固醇十到十五，則可降低心臟病二十到三十百分比。新聞一公布之後，風聲鶴唳，幾乎所有人都不敢吃雞蛋。

其實仔細看這份資料並非如此。有七％的服藥組發了心臟病，而吃糖片的控制組是九％；也就是說，在這十年裡，兩組的差別不過二％。而且這兩組人整個的死亡率是差不多的，即不論任何原因的死亡統統加在一起時，兩組是沒有差別的。大家最忽略的一點是：研究用的是降低膽固醇的藥，後來給民眾的訊息卻是飲食的改變，固然藥和飲食控制都是為了降低膽固醇，但是並不表示飲食控制就是和藥物一樣的有效。

我舉出這些，並不是要鼓勵人們吃鹽或吃高膽固醇的東西，而是提醒大家不要一窩蜂的盲從。好像過去曾說白鳳豆可以抑制癌，結果價錢立刻暴漲，一豆難求；又如有人說生吞黑豆可以養生，結果有人一天吞一百顆，腹痛如絞，只好開刀取出未消化分解的黑豆。其實，自然就是美，**什麼東西順其自然就好，只要不過量，都不必強烈地抑制自己，剝奪自己的快樂**，想吃就吃一點，只要不過分，偶爾吃一塊巧克力糖、一球冰淇淋，或一客牛排，其實沒有什麼大關係。心情好對身體的益處大過食物對它的害處，尤其現在發現冰淇淋中常用的蝗豆膠（locust bean gum）對身體有益，也發現牛排中的硬脂酸（stearic acid）可以降低膽固醇。風水也會輪流轉，以前不能吃的不見得永遠不能吃，盡信書不如無書，快樂的過日子最要緊。

輕鬆的心情、樂觀的態度是長命百歲的祕訣，沮喪、憂鬱會降低身體的免疫力。有一個實驗發現，看完喜劇片，唾液中的免疫能力會暫時的提昇，比較能抵抗傷風感冒。快樂是最簡單、最容易做到的長壽之法，運動、飲食控制本是為了長壽，不要為了長壽弄得自己活得很辛苦，那就本末倒置了。

快樂是健康的第一要訣，要長壽請從快樂做起。

16 標準答案扼殺創意

最近找東西，在抽屜一角找到一張兒子小學三年級的考卷，看著滿堂紅的成績，想著兒子挨打的情形，心中好生不忍；但是細看一下他錯的地方，發覺他並沒有錯，如果是我也會這樣答。例如有一題的題目是：「天氣很冷」這句話是⑴觀察、⑵判斷、⑶推想。兒子選⑵，結果答錯，被扣二分，正確答案為⑴。但是細想之下，這三個答案都可以說是正確的，「天氣很冷」可以是觀察，因為路上行人都在縮頭呵氣，搓手取暖；也可以說是判斷，因為我感覺冷，所以我判斷今天很冷；當然也可以是推想，因為觀察後的結論就是靠推想而來，看到別人很冷的樣子，所以推想今天很冷。這是一個很不好的題目。像這樣模棱兩可的題目又採用標準答案的計分法，會完全扼殺學生的思考和創造力。

創造力可以是無中生有，像藝術品，也可以是把兩個本來無相干的東西聯在一起，找出第三個用途來，像發明。**要有創造力，學生的頭腦必須在一個很自由，可以天馬行空、任意翱遊的情境下才能發揮**。從神經學上說，一個有同步發射過的神經元會與其他神經元連接成一個神經網路，網路越密集，神經之間的訊息傳導越快，越能觸發其他的網路。因為每一個人內在的神經網路圖不一樣，所以同一個事件，活化的神經網路會不同，才會產生不同的看法。這種神經網路的形成是靠經驗的刺激，**孩子必須有思考的空間，才能增加神經之間的連接，達到觸類旁通的學習效應。制式的標準答案是對創造力最大的傷害。**

英國有一家公司曾把消毒過的蛆賣給醫院，大發利市。我們知道腐肉如果沒有刮乾淨，傷口不容易復原；但是切除腐敗組織免不了會刮到好的肌肉，造成傷口不必要的擴大。既然蛆只吃腐肉，不吃好肉，何不用蛆來食淨腐肉呢？結果發現效果非常好，傷口比任何一個高明的外科醫生都清得乾淨。這個想法很有創意，把一個人們最討厭的東西轉換成對人有利的東西。關鍵只在創意思考，把蛆和傷口聯在一起，找出它不尋常的用途而已。

創造力是人類最寶貴的資源，請不要用標準答案扼殺它。

17 做人不作秀

有一個十一歲的女童上吊自殺了。當科學家在努力延長人的壽命時，人卻用自己的雙手結束生命，這真是一個諷刺的現象。二次世界大戰以後出生的人得憂鬱症的機率，是一次大戰以前出生人的兩倍，為什麼科技越發達人越不快樂？

一棵枝葉茂盛的大樹，會使人看不見支撐它的主幹，而誤以為外在的枝葉便是最主要的東西，努力的裝飾門面；然而一旦主幹枯朽，樹便死亡，皮之不存，毛將焉附？我們現在的社會便有這個毛病，**外在的作秀成為生活的中心，作秀久了便忘掉如何做人，一個不會做人的人，自然不會快樂**。因為他對自己不誠實。

一個虛假的人常忘記自己編過什麼的謊話，若不用心記，便會露出馬腳，但是時時苦記自己說過的謊話則會增加心智的負擔，所以說謊的人心是沉重、不快樂的。

同時，一個虛假的社會也不允許一個人誠實的做自己。小孩子從小學起便被訓練回答課本上的標準答案，明明這不是一個安和樂利的社會，卻必須選它才會得分；明明不喜歡念書，想去學手藝，卻必須硬著頭皮做別人心目中的理想孩子。

有一個學生來看我，告訴我決定退學，因為他不想以後的五十年都做同樣的事。他來自一個醫師家庭，又是長子，作這個決定需要很大的勇氣，但是我仍然鼓勵他走自己的路，因為只有他快樂，父母才會快樂。父母現在或許一時會失望、會痛苦，可是當時間證明孩子很快樂時，父母便會接受，因為每一位父母都希望自己的孩子過得快樂。然而，孩子如果現在屈從父母的願望，父母一時之間是快樂了，但是孩子的不快樂，會使得父母以後快樂不起來。兩者相較，不如現在拂逆父母之意去追求自己的理想，以後還有大家都快樂的機會。

其實，每個人的長處不一樣，不是人人都適合念大學，**讓孩子自由的發展，使他的才能得以發揮，才是教育最高的目的**。我們的孩子非常不快樂，這是不爭的事實，他們無法誠實的做自己，考不好，別人責怪的不是「你沒有學到東西」，而是「你是把老師／班級／父母的臉丟盡了」，他究竟是為誰在讀書呢？你能責怪孩子不愛讀書、很不快樂嗎？從醫學研究上我們知道快樂的人活得長，請給孩子一個誠實做他自己的機會吧！

18 心中一把快樂尺

經濟不景氣，生意難做，只有算命這個行業一枝獨秀。大家關心的都是改運、改名，問的問題只有一個：財運如何？我看到這種情形有點吃驚，因為假如你想用金錢買到快樂，它的前提是「你必須是窮人」！而我看這些掛號算命的人都不是，我想，**很多人誤會了快樂的意義，以為有錢就會快樂**。

有一個研究，追蹤贏得彩券頭獎的人每年的快樂指數，結果發現贏得大獎之後第二年，他們的快樂指數就降回與普通人差不多的地方（在一個一到十的快樂量表上，一般人是在六．五左右，這些中了特獎的人，頭一年當然是非常高興，但是第二年便掉回了六．八）。這真是出乎意料，我們一般都認為中了幾千萬的特獎，一輩子都不必工作，再也不必看老闆的臉色，再也不必早起趕公車上班，要吃什麼、要穿什麼，一呼百應，人間還有比這更快樂的事嗎？想不到中獎之後一年並沒有比他們未中獎之前快樂多少，而且很多人竟然表示他們比以前更不快樂，這真是非常有趣，值得我們探討。

林肯（Abraham Lincoln）說：「**只有在心靈的允許下你才會快樂**。」也就是說，快不快樂完全取決於心中的那一把尺，一把將過去和現在、自己和他人作比較的尺。不幸的是，它非常有彈性，隨時依照你的情境而改變。比如說，今年不景氣，你以為沒有年終獎金，老闆告訴你加發一個月的薪水，你非常的高興，雀躍不止；但是後來發現比你資淺的同事竟然加發兩個月的薪水，這時，你的快樂立刻化為烏有，替代的是忿怒與不平。你拿到的仍然是一個月的薪水，但是因為心中衡量的那一把尺不同了，你快樂的感覺也不同了。

心理學上很早就知道，人的判斷是基於比較而不是基於絕對的事實，即使是顏色這麼明顯的判斷都是比較而來，而不是它真正反射出來的波長。所以**假如你可以控制心中的那把尺，就能夠改變你的判斷，就可能發現快樂原來就在你身邊**，古人說：「晚食以當肉，安步以當車，無罪以當貴，歸真返璞，終身不辱。」參透這一點，你不必去改運、去改名，命運就控制在你手中，從你的心做起，你會得到比財富更大的快樂。

19 沒有輸在起跑點這回事

在捷運上，看到一輛娃娃車中躺著一個可愛的新生嬰兒，她的雙手戴著那種避免指甲抓傷自己粉嫩小臉的薄棉手套，但是手套上的花樣不是一般的嬰兒圖案，而是射擊用的箭靶，大紅色的圓心，外面一圈圈紅色的環，十分的引人注目。年輕的母親見我在注視箭靶，驕傲的說：「專門幫助眼手協調的手套，一副要兩千元呢！」她頓了一下說：「我不要讓我的孩子輸在起跑點上！」我聽了默然，這個廣告詞不知騙去多少父母的血汗錢，卻沒有人檢討什麼叫做輸在起跑點上。

嬰兒一出生時，視力並沒有發展完全，是個近視眼，他能看清楚的只有從母親抱他哺乳時臂彎到母親的臉那個二十公分的距離。他的視力隨著視神經外面包的髓鞘完成，而逐漸可以調整水晶體，使焦距落在中央小窩（fovea）上。所以一歲半以前的孩子看電視都坐得很前面，因為他是個近視眼，坐遠了看不見。太早訓練孩子調整焦距，其實沒有必要，當他眼睛成熟時，眼手協調自然會很好，就好像太早叫小孩子去寫字是沒有必要的一樣。幼稚園的小孩子手臂的小肌肉還沒有發展完成，寫字時，手要用力的握著筆，因為如果不這麼用力，控制不好，線條會抖、不直，不好看（老人寫字也常抖，同樣是因為肌肉不聽使喚了）。

在發展上，很多事情是水到渠成，太早訓練只是徒勞無功，不但孩子受苦，也和自己的荷包過不去。

其實，**一個孩子只要在正常的環境中快樂的長大，就不會輸在起跑點上**。孩子要的不是物質上的享受，而是心靈上的安全感。一個昂貴的進口玩具絕對抵不上一個同年齡的玩伴，鄉下的孩子在田間玩泥巴，比城裡的孩子對著牆壁玩遙控車更興趣盎然，因為人是活的，可以出點子，玩出很多花樣，而車是死的，只會碰到牆壁轉彎。

發展是一件需要耐心的事，只要你肯伴著他，大手牽小手的一路走過成長，他就會有健全的心智，活潑的思緒，能夠適應新環境，他就不可能輸在起跑點上，因為在新環境中適應新情境的能力，正是我們對智慧的新定義。所以沒有輸在起跑點上這回事，只有揠苗助長的傷害。

父母們，請善用你的智慧，許你孩子一個快樂的童年。

20 牡蠣有容，珍珠乃大

我在美國讀書時，室友是日本人，她有一顆珍珠，是母親在她離開日本赴美求學時給她的。她們家世代採珠，在她離家前，母親鄭重的把她叫到一旁，給她這顆珍珠，告訴她：「當女工把砂子放進牡蠣的殼內時，牡蠣覺得非常的不舒服，但是又無力把砂子吐出去。所以牡蠣面臨一個選擇，一是抱怨，讓自己的日子很不好過；另一個是想辦法把這粒砂子同化，使牠跟自己一樣，和平共存。於是牡蠣開始將牠的精力、養分挪出一部分把砂子包起來。當砂子裹上牡蠣的外衣時（雲母殼，即碳酸鈣），牡蠣就覺得它是自己的一部分，不再是異物了。砂子裹上的牡蠣成分越多，牡蠣越把它當自己人，就越能心平氣和的和砂子相處。」

牡蠣並沒有大腦，牠是無脊椎動物，在演化的層次上很低；但是連一個沒有大腦的低等動物，都知道**要想辦法適應一個自己無法改變的情境**，把一個令自己不愉快的異己，轉變為可以忍受的自己一部分，人的智慧怎麼會連牡蠣都不如呢？

珍珠的故事我聽過很多，但是很少是從牡蠣的觀點來看逆境的。**人生總有很多不如**

意的事，如何包容它，把它同化，納入自己體系，使自己日子過得下去，恐怕是現代人最需要學的一件事。

尼布爾（Reinhold Neibuhr）有一段著名的祈禱詞：「上帝，請賜給我們胸襟和雅量，讓我們平心靜氣的接受不可改變的事情；請賜給我們勇氣，去改變可以改變的事情；請賜給我們智慧，區分出什麼是可以改的，什麼是不可以改變的。」人是演化來的動物，在大自然中，本來就應該和其他的動物一樣為生存而奮鬥，不應該期待事事順利。要知道在大自然之中，挫折是常態而不是例外，動物出外覓食時都不知道是否找得到食物，也不知道今天是否能安全地返航，回到溫暖的窩以期待明天的旭日東昇。人類憑什麼一有挫折便怨天尤人，跟自己過不去呢？今天社會上憂鬱症、自殺率這麼高，是不是我們沒有教給孩子一個正確的人生觀，告訴他們，打牌時，拿到什麼牌不重要，如何把手中的牌打成滿貫才是最重要的。

凡事固然要講求操之在己，但是在沒有主控權的事上，是否也應該學習牡蠣，有容乃大，使自己的日子好過一些呢？

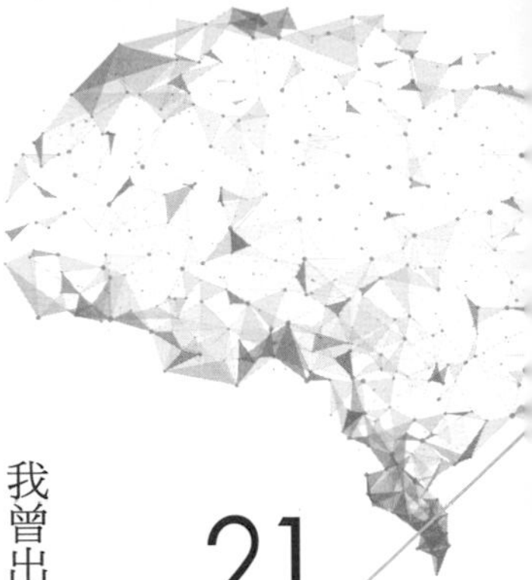

21 領進門，放他飛

我曾出席一個民間團體辦的多元入學討論會，在會場中，聲音最多的是「不考的要不要教？」我很訝異問題都集中在這一點上。教書難道是為了考試嗎？考不考與教不教有什麼關係？大家把考試當做教育的唯一目的，難怪教改的推動這麼困難。其實考試只是評量學生學會了多少而已，如果不把考試看得這麼重要，老師不必趕進度，學生也會快樂很多。最主要是**學習不一定在課堂中**。如果什麼都得老師教了才會，一天二十四小時上課都教不完。老師最重要的應該是引起學習的動機，教給他求知的工具之後，從旁指引就好了。

在大腦的研究中，我們看到**學習最重要的是「主動」**，如果是被動的做一件事，並不會增加兩個神經元之間的連接，而神經元之間連接的密度是我們對智慧的新定義。

有一個實驗把老鼠分成二組，第一組是實驗組，老鼠籠子中有玩具，當老鼠踩風車玩時，風車上的里程表可以計算老鼠跑的里數；第二組是配對組，如果實驗組的老鼠一天跑五公里，配對組的老鼠也必須跑五公里，只不過實驗組的是自己主動要跑，而配對組的是被迫的運動；（要讓老鼠被動的運動，最好的方法是把牠放在水桶裡，牠不得不動，不然會淹死）第三組是控制組，什麼都不做。三個月後進行水迷宮測試，計算牠們找到隱藏在不透明水中平台的速度，如果找到平台，牠們可以蹲上去休息，將頭露在水面上；假如找不到，筋疲力盡時就會沉到水底滅頂。實驗的結果顯示，主動運動的實驗組學得最快，配對組與控制組都很差。當把大腦切開看牠神經連接的密度時，實驗組的最密而其他兩組的都很稀疏。

我們知道同步發射的神經元會形成一個迴路，這就是我們記憶的單位。諾貝爾醫學獎得主肯戴爾（Eric Kandel）發現，當海蝸牛學會一個制約反應時，牠的感覺神經元和運動神經元之間的連接變得很密；過了三週，海蝸牛逐漸忘記這個學習時，神經元之間的連接也逐漸消失。所以如何促進孩子大腦神經元之間連接的密度，才應該是我們最要關心的事。在電腦這麼發達的時代，我們可以把要背的東西交給電腦的記憶體，我們要教孩子的是如何活用這些記憶體中的知識。

只有當孩子願意主動尋找知識時，我們與世界才有競爭力，不然永遠停留在代工、加工，依樣畫葫蘆的階段。我們不要低估孩子的能力，不是所有東西都要教了才會。諄諄善誘的意思就是把他領進門，指導他方向，放手讓他翱翔。

22 有病，不是講不聽

我的叔叔中風失去了顏色知覺，生活在黑白的世界中。我去看他時，嬸嬸向我哭訴叔叔什麼都不愛吃（因為一盤灰黑的食物是無法引起人的食慾的），尤其是灰軟的東西，如香蕉，更是引起他的聯想力，不肯吃。我一邊聽她講，一邊想起以前讀過牛頓（Isaac Newton）說：「光並沒有顏色，它只是一種能量，使我們產生看到某種顏色的感覺而已。」當時很不能瞭解，因為我們的確可以看到顏色，為什麼說光是沒有顏色的呢？現在突然瞭解，它果然只是大腦對光的解讀而已，如果處理顏色的視覺皮質的 V4 區毀壞，人就看不見顏色了。所以顏色的確是我們大腦視覺區對光波的解讀，只存在於我們腦中的感覺。

蜜蜂看到的顏色就和我們不一樣，牠們大腦解讀的是偏向藍色那一端的光譜，花對蜜蜂就不是鮮艷的紅色，而是暗藍色。嬰兒對顏色的視覺也與我們不太一樣，例如我們會將某一個波長的光看成黃色，嬰兒黃色波長範圍比我們大。其實在知覺上，很多現象都是如此，沒有認知的解釋，就沒有顏色的存在。這是心與物必須區隔的理由，它同時也引出哲學上的一個大問題。

三百年來爭辯不休的心物二元論，現在逐漸因腦的研究而塵埃落定。其實**心、物是不能分的，「心」由「物」生，心智來自大腦的支持，一旦大腦受損，心智也就失去功能**。現在透過新進的腦造影技術，我們可以看到活人大腦工作的情形，也看到憂鬱症、思覺失調症、強迫症等病人在發病時的大腦。它使我們瞭解這些所謂心理上意志不堅定、人格不健全的毛病，其實是有大腦生理上的原因。

有許多行為並不是病人自己願意這樣做，而是不得已的，因為他的大腦無法抑制他不做出某一個行為來。妥瑞氏症候群（Tourette syndrome）就是這樣一個例子。這是一種基因上的缺失（染色體四和八），病人會眨眼，臉部肌肉抽搐，嘴裡發出像動物一樣的吼聲，不停的重複做某一個動作。但是不知道的老師卻以為這個孩子講不聽，故意出聲打亂上課秩序。過去曾發生一位老師在打了這種孩子二十年以後才知道這是病，不是壞。聽聞此事件我心中非常的不忍，這個病早在一八八五年就發現了，怎麼過了一百多年我們還在把一個有病的孩子當做壞孩子打罵。對於腦方面的知識，我們已經沒有理由再忽略它了。

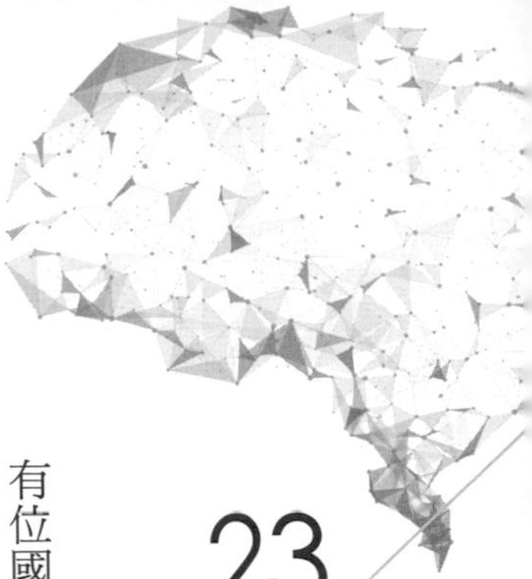

23 同性戀與荷爾蒙

有位國中老師曾大膽的站出來，讓人家知道他是位同性戀者，我很高興他有這個勇氣，因為國人對這方面的觀念太落伍了。美國精神醫學會早就宣布同性戀不是「疾病」，它的成因與大腦荷爾蒙出現的時間與量的多寡有重要的關係；也就是說，**同性戀先天原因大於後天環境原因**。

在男性的發展過程中，有兩個時期會出現大量的荷爾蒙，一個是在胚胎六個星期的時候，另一個是青春期。我們的胚胎原來是個女性胚胎，假如它有著ＸＹ基因，那麼胚胎會發展出特別的細胞以分泌男性荷爾蒙，使男性器官發展出來；假如是個ＸＸ基因，那麼，男性荷爾蒙的指令就不會出現，它就依照原來的女性器官發展，最後生出來就是一個女孩子。也就是說，大腦本來是女性的，如果順著大自然規劃的路線走，出來就是一個正常的女性。但是男孩就不一樣了，一個原是女性的腦結構，需要巨大的變動才能改變成男性。

在生物上，多做多錯，所以男同性戀者比女同性戀者多出十倍。男胚胎接觸到大量男性荷爾蒙的時期，正好是他的大腦要開始形成的時候，那時體內的男性荷爾蒙是嬰兒期和童年期的四倍。一旦大腦定形了，荷爾蒙就對大腦失去作用，就是把它泡在荷爾蒙中也無效了，這就是為什麼給同性戀者注射男性荷爾蒙並不能改變他的行為。基因本身並不能擔保生出來嬰兒的性別，還要看荷爾蒙的出現與否。

在我念書時，曾經有一個很有名的換性個案，有一對同卵雙胞胎，哥哥在八個月大時，因割包皮手術出了意外，喪失陰莖，醫生只好將他變成女孩子，他的父母只給他買洋娃娃、穿粉紅衣裙，全心全意把他當女孩子養。但是他從四歲半就知道自己「應該」不是女孩子，痛苦了很久，也接受很多年的女性荷爾蒙治療都沒有效，最後還是動手術變回男性。這個三十年的性別研究已出版成書，書名叫作 *As Nature Made Him*，副標題為「當做女孩扶養的男孩」（The boy who was raised as girl）。

很多行為不是道德規範或意志力可以改變的，對於一個不可改變的行為，我們應該接受它，只要它不妨礙別人，就不應該歧視它。

24 知的喜悅

台灣人閱讀的時間比看電視少，而且不看所謂的硬書，只看八卦之類的軟書。看到這則消息，大多數人並不感到吃驚，因為這正是我們平常的生活：一邊轉電視台，一邊罵節目爛，縱使百般無聊，也不會拿本書來看。為什麼我們這麼不愛讀書？或許，應該檢討一下，**我們是否沒有讓孩子領略到知識之美**？假如大多數的年輕人沒有感受到看到一本好書的喜悅——那種純粹是為了滿足好奇心的喜悅，也就難怪他們不愛看書了。

通常，愛看書的人看書並不是為了某個目的，只是為了想知道自己不知道的東西而已。那些所謂背景知識的累積，舉一反三、觸類旁通的好處，其實只是附帶的效益，不是看書的主要原因，如果是為了考試的目的而讀，那麼讀書就變成負擔，毫無樂趣可言了。其實生活中，處處充斥著我們不知道的東西，這些知識的獲得，尤其是別人如何獲得這個知識，帶給我們許多的啟發。例如我們知道人的胃消化豬肉比牛肉快，而熟的肉又比生的肉快。我很好奇這個知識是怎麼得來的，我們當然不可能把胃打個洞觀察，那麼這個知識是怎麼得到的呢？

原來一八二二年時，美國有個年輕的士兵不小心擦槍走火，將自己的胃打了一個洞。早期外科手術不發達，傷口復元得不好，剩一個小口就不再癒合了。照料他的醫生立刻明瞭，這是千載難逢的實驗機會，於是便把包心菜、麵包、生牛肉、熟牛肉、豬肉等切成一樣的大小，用絲線綁著放進他的胃中，每一個小時抽出來觀察一下。結果他發現包心菜和麵包消化得最快，一個小時後便只剩下絲線。兩個小時後，熟的肉消化了，生的肉卻還在。他做這個研究當時並不是為了成名，而是為了滿足自己的好奇心，但是這份資料到現在還在用，他的好奇心也使他名留千古。

好奇心是人類文明的原動力，知識的滿足是科學的基本精神，它讓你在物質貧乏時，仍能保持精神的快樂。「良田千畝不如薄技隨身」，知識也是一樣，藏在腦海裡的知識是偷不走、搶不掉的，它隨時應用到你的生活中，帶給你「知」的喜悅。

25 身教：內隱性學習

國小校長喝花酒、上舞廳的事曾鬧得滿城風雨，有一位師大教授投書到民意論壇上說：下班後喝花酒、上舞廳是校長個人的私事，包二奶是校長與他太太二人之間的家庭事。校長也是人，校長不一定要比人更像人。對於這一點我很不能認同。

學習是個潛移默化的東西，我們一生中所用到的知識，大部分不是來自課堂上的那種特意的學習（intentional learning），而是無意間的學習（incidental learning），這是為什麼會「近朱者赤，近墨者黑」。如果孩子不是這麼有模仿性，孟母也不需要三遷了。孩子就是從父母和師長的言行舉止中逐漸形成他的價值觀。

特意的外顯學習和無意間的內隱學習是兩種不同的學習方式，動用到不同的神經系統，在儲存的神經機制上也不同。像習慣化這種學習，是直接儲存在掌管這個行為的神經元的突觸（神經元和神經元相交的地方）上。記憶就是神經元的改變，習慣化的神經元是神經迴路的一分子，習慣記憶就儲存在這個行為的神經迴路中。所以一個從小在家庭暴力環境下長大的孩子，雖然在結婚時發誓絕不打人，絕不步父親的後塵；但是一碰到婚姻挫折時，他的手就會揚了起來，很自然的訴諸暴力。因為這是他父親解決婚姻問題的方法，如果他不用意識加以控制，這個潛移默化的「經驗」就會出現。很多人在搬了新家之後，如果開車不專心，常會開回舊家而不自覺。因為舊的習慣已形成神經迴路，如果不刻意抑制，它就會像騎腳踏車一樣，一騎上車子，自然就出現。

一個習慣養成後（或是說一個神經迴路形成後），它不需要意識的控制，只要情境一呼喚，它就會跑出來，這個神經之間的連接，要過很久沒有被激發才會慢慢的回縮（在海蝸牛身上刺激十次，過三個月不刺激它，這個神經連接才會慢慢縮回）。**這是為什麼戒除一個壞習慣，比建立一個好習慣要多花十倍的力氣**。

瞭解上述的這些內隱性學習記憶的神經機制，父母、師長對自己的行為能不戒慎恐懼嗎？尤其是在小學的時候，學生對老師更是敬畏有加，有的孩子把老師當做神崇拜。在這個高度情意性學習的場所，教師如何能夠上舞廳、喝花酒，而不怕影響學生的價值觀呢？

26 記憶會說謊

二○○一年一審被判十三年的所謂「計程車之狼」羅讚榮，在被羈押八百多天之後，終於得到平反，無罪開釋。但是他的冤獄賠償被高院駁回，理由是他的計程車曾被「移動」，他沒有報案，高院認為他有重大過失，拒絕賠償。我看到這則新聞非常非常的訝異，因為停車位置這種記憶，屬於心理學上所謂的「事件記憶」或「經驗記憶」，是人類最不準確的一種記憶，最容易受到同質性事件的干擾。

據研究顯示，人們的記憶可分外顯和內隱兩種，外顯記憶指的是語意的記憶和事件的記憶，前者如法國的首都在巴黎，華盛頓當過美國總統等事實的記憶；後者是日常生活中每天發生事件的記憶。一般說來，失憶症者喪失的便是事件的記憶，他們並沒有失去語意記憶，因為他們可以與你交談；他們也沒有失去內隱記憶，因為他們在腦傷後仍然可以學會騎自行車或彈鋼琴等技能，只是不知道自己會而已。

事件記憶最顯著的特點，便是它很容易受到其他同質性事件記憶的干擾，因此對於每天都在做的事，我們常常忘記其中的細節。例如前天早飯吃什麼？昨天穿什麼衣服出去？相信很多人都想不起來。因為我們每天都吃飯、穿衣，都在做非常類似的事。這個「同質性」就造成回憶上的干擾，除非這件事特別有情緒上的因素才會記住，不然流水帳般的事件，很快就被後來的新事件所覆蓋，記不清了。這種事件記憶會隨著年齡日益退化，但是其他種的記憶則獨立於年齡之外，所以老年人可以學新的知識和技能，只是常常忘記這句話是從哪裡聽來的，或是曾經對誰說過。老人家有重複說同樣事情的現象，他其實不是愛嘮叨，只是不記得已經對你說過了而已。

因此，高院用羅讚榮車子被移動沒有報案為理由駁回冤獄賠償，是很有爭議的。尤其在已經確定他無罪之後，又以如此牽強的理由掩蓋他多日來含冤受苦的事實，更是不對。其實，很少人會清楚記得昨天車子是停在哪一個巷子的第幾號門口，而且車子沒有丟，很少人會想到報案，恐怕會先疑心自己的記憶是否正確。所以不報案是人之常情，高院如此要求是強人所難。更何況，一個清白無辜的人被關了八百多天，這期間名譽的喪失、家庭的破碎、心情的鬱悶、生活的煎熬，又豈是金錢補償得回來的？

綜觀全案始末，此事是法院草率判決在先，不肯認錯在後。羅讚榮不吃檳榔，而當年犯罪車上顯然有檳榔渣；他的血型明明是O型，而檳榔渣唾液的血型卻是A型。連這麼充足的證據都會被關了八百多天才平反，一般老百姓如何能相信司法能保護他？有這樣的法院，什麼人出門前敢不燒香？

醫師、法官都是人命關天的職業，豈可輕率無知？他們必須不停的進修，才能跟得上時代。我從台大法律系畢業時不敢走司法官的路，就是深恐自己一時不察，一輩子內疚。林紀東教授在我們畢業時題的「戒慎恐懼」，不知還有多少同學記得？

27 孩子的笑是父母最好的指引

有年國慶酒會時，連續碰到三個人問我幼兒發展的問題：「三歲定終身是真的嗎？我現在是不是已經太晚了？」「小孩每天要對他講多少分鐘的話才算夠？」「我的孩子不愛聽莫札特，一聽就哭，怎麼辦？」這些問題令我非常的驚訝，而且從他們來不及寒暄、立刻問問題的情況看來，他們是被幼兒發展的錯誤觀念嚇到了，憂心忡忡，緊張得不得了。其實這完全是不必要的，因為上面的問題都沒有實證的證據支持。

幼兒的腦生下來時，的確比他實際需要的神經細胞還更多，大腦的確是憑他的生活經驗來做修剪的標準，凡是沒有與別的神經細胞相連接的神經細胞會被修剪掉；但是沒有任何證據說三歲就修剪完成，大腦就定下來不改變了。事實上，我們知道大腦的可塑性可以說是終身的，不然復健就不會有效了。只是小的時候可塑性大，老的時候較小而已。從正子斷層掃瞄的研究看來，小孩子的腦活動力比大人高許多，一直到九歲左右才慢慢降到大人的標準；而掌管我們計畫的執行、注意力的分配、工作記憶等等重要功能的前額葉，要到二十歲左右才成熟，所以完全不必有「太晚了，已經來不及」的憂慮。

至於陪孩子玩多少分鐘才夠刺激他大腦的發展，這完全是本末倒置的說法。陪孩子玩是因為我們喜歡和他一起玩，不是因為要他大腦發展，把陪他當做義務或功課，會剝奪掉養育孩子的樂趣。其實**孩子只要在正常的環境中成長，就不必擔心外界的刺激不夠**，大家引為證據的羅馬尼亞孤兒院孩子，其實是在極端貧乏的情況下長大的，正常的孩子如果不是硬性規定兩個小時餵一次奶、一個小時換一次尿片，平時沒有大人肌膚的接觸，只能平躺著看天花板，應該都不會發生刺激不夠的情形。而且這份報告曾被人質疑，因為沒有控制組作對比，且因羅馬尼亞是個鐵幕國家，那些孩子生身父母的資料無法取得，因此在因果關係的結論上，頗有些爭議。至於莫札特效應，這個實驗的對象是加州大學的大學生，不是嬰兒也不是幼兒，如此類化資料未免想像力太豐富了些。

所以，在我看來，**一個快樂的童年是父母給孩子最珍貴的禮物**，孩子是上天的福賜，父母應該以感恩的心陪伴孩子長大，父母的緊張會造成孩子的不安，會使他誤以為自己不如人，這是愛他反而誤他。請不要管別人怎麼說，你孩子的笑容便是你最好的指引，安心的享受孩子的愛吧！

第二篇

與心對話

1 小心寂寞會致病

朋友大約一年前喪偶，最近在路上碰到他竟認不得了，他蒼老了許多。問他還好嗎？他苦笑說「不愁吃，不愁穿，只是全家除了我，沒有一個東西會動」。我想起一個漫畫，一位老人家在講電話，下面寫道「我知道這是詐騙電話，但是難得有人可以聊聊」。研究發現**寂寞跟憂鬱症、焦慮症、酗酒和嗑藥都有關係：寂寞的人比較容易生病，長期的寂寞會壓抑免疫系統，使癌細胞擴散，加快心血管疾病和阿茲海默症的發生。**

寂寞是個非常主觀的感覺，很難用實驗去研究（人可以在派對中感到寂寞，也可以獨居而不寂寞），但是神經學家利用光遺傳學（optogenetics）的技術，先把對光敏感的蛋白質植入老鼠大腦的神經細胞中，然後透過光來開或關掉這些神經元，找到了跟社會隔離和寂寞有關的神經細胞叫 DRN。

這個實驗是把已經植入感光細胞的老鼠隔離二十四小時，然後把牠放進一群老鼠中，牠果然馬上去跟別的老鼠互動。第二天再把牠隔離二十四小時，但是這次隔離完，用光把 DRN 關掉，結果牠就不去和其他老鼠互動，好像隔離沒有什麼關係。這真是驚人的發現，過去認為沒有辦法量化或測量的心理狀態，現在可以在大腦中看到它的機制了。

因為光遺傳學的方法有侵入性，不可以用在人身上，所以只能間接的來做。麻省理工學院的研究者找了四十名社交圈子大、很少感到寂寞的大學生，先隔離他們十個小時，再給他們看微笑的照片。通常一個飢餓的人在看到食物的圖片時，他大腦多巴胺系統的血流量會增加，表示他渴望食物。果然，他們在看到微笑的圖片時，大腦中相當於 DRN 的地方活化起來了，表示他們想跟人互動。

研究者第二天再把他們找回來，這次他們可以互動，但是十個小時不准吃任何東西。當給他們看食物和微笑的圖片時，肚子餓的他們只對食物起反應，對微笑的圖片沒有，顯示飢餓和社會互動對人類來說，是同樣的重要，他們都是驅力（drive），匱乏時，會使我們努力去追求，不能滿足時，會焦慮不安，這就難怪寂寞會致病了。

人家說，老伴、老友、老本缺一不可，老人家更要防範詐騙的電話，不要為了解寂寞，把老本也被騙光了。

2 父母有沒有跟孩子說話，決定了他的未來

人是群居的動物，在社會中，跟別人是否融洽相處，得到應得的資源，甚至事業的成敗都取決於溝通的能力，而**溝通最重要的工具便是語言，所以嬰幼兒時期最重要的是語言的學習**。

人的大腦中有語言中心，在左腦的布羅卡區，人說話是本能（相對於大腦中沒有閱讀中心，所以閱讀是個習慣需要培養），但是這個說話的機制必須經過外界刺激的啟動，美國曾經有個受虐兒吉妮（Genie）被她有精神病的父親關在衣櫥中長大，十三歲以前沒有人跟她說話，她被救出來時是沒有語言能力的。所以父母對孩子說話的頻率非常重要。專家認為寶寶雖然才幾個月大，還聽不懂話，但是父母在換尿布時就可以跟他說話了，因為寶寶學習說話的歷程跟人工智慧（AI）學習語言一樣，是統計學習（statistic learning）的方式，即孩子從白天聽到的無數語言中，透過統計方式，把一連串連續的音

斷為字，從而習得詞彙。例如給八個月大的嬰兒聽十分鐘無意義的音節（見圖一），十分鐘以後，他們可以把這些無意義的音節「斷詞」（見圖二）。這是了不起的能力，比如在圖一例子中，他會發現 golabu 一直重複出現，這個 golabu 必然是指外界的某一個東西，他又發現當他聽到 golabu 時，奶瓶就出現了，有沒有可能 golabu 是奶瓶呢（這是假設）？而 golabu 從來不曾跟別的東西一同出現，那麼 golabu 很可能就是奶瓶了（這是推斷）。當 golabu 和奶瓶聯結的次數超越臨界點時，孩子就確定 golabu 是奶瓶了，因此下次他要喝奶時，他就說我要 golabu 了。

這是人類自我學習、自我改進的學習語言方法。AI的機器人就是用這種方式學會語言的事。事實上，若不是AI的專家想教機器人說話，輸入成千上萬的語言資料，讓機器人從錯誤中學習，要它們分辨，形成假設，驗證假設，最後學會這個字，我們也不會想到原來人類是這個樣子學會語言的。因此父母要盡量跟孩子說話，提供他分辨語音和斷詞的資料，尤其母語的學習是模仿，靠著大腦內部的鏡像神經元在運作，當寶寶七、八個月運動神經纖維外面的髓鞘包裹完成後，寶寶開始動他們的舌頭、嘴巴模仿大人說話，他們先發音（所謂的牙牙學語），這時耳朵聽力的回饋很重要，許多聾啞的孩子在這個時期也會發音牙牙學語，但是因為耳聾沒有回饋，過一陣子，他們就不再發聲了。

所以**嬰兒一定要聽到大人說話才能知道母語的音素、語詞和文法**。

其實嬰兒六個月就聽懂大人在說的簡單句子，但是差不多要到十八個月大腦發音器官較成熟才會開口說話。實驗發現嬰兒在十個月前可以分辨世界上所有的語音，包括印度北面很難發的喉音，但是十個月以後，這個能力慢慢下降，到十八個月時消失（那時正好他們開口講第一個字），語言學家認為這是因為大腦資源不夠（大腦只有三磅，

圖一

golabupabikututibubabupu
golabubabupugolabupabiku
tutibubabupugolabubabupu
golabupabikututibubabupu
golabubabupugolabupabiku
tutibu…

圖二

golabupabikututibubabupu
golabubabupugolabupabik
ututibubabupugolabubabup
ugolabupabikututibubabup
ugolabubabupugolabupabi
kututibu…

占體重的二%，卻用到身體二〇%的能源），所以必須靠資源回收來應付新的需求。既然長到十個月就已經知道自己的母語用到什麼音素，就沒有必要再保留區辨音素的能力（我們的祖先不必學第二外國語，因為人的兩條腿一天大約走十八公里，一生走不出二百公里的範圍），於是把這個能力回收，準備十八個月時說第一個字，這個在學術上叫「語言爆炸」（language boom）。幾乎所有的實驗都發現，小時候父母跟孩子說話的頻率會決定他小學四年級時的語言能力。

美國有一個研究發現父母平日一天跟孩子講一千五百字，高級知識分子平均講到二千一百個字，而每天看電視、滑手機、領救濟金的父母只講六百個字。到孩子三歲時，愛跟孩子說話的父母已經跟孩子說到四千八百萬個字了，而不愛跟孩子說活的父母才講到一千三百萬個字，少了三．七倍。

孩子在三歲時所接觸到的單字量可以預測他們七歲入學時的詞彙量，而這詞彙量又可以預測他們十年後對語文的掌握。語文能力是二十一世紀溝通的必要條件，父母有沒有跟孩子說話就決定了他的未來。

童年是大腦神經元大量發展的時候，陪伴孩子，跟他講故事、閱讀、遊戲，他從你身上得到足夠的刺激去促使大腦發展，你從他身上得到為人父母的喜悅。

3 銀色商機

天氣酷熱，偏在這時，家裡的冷氣機壞掉，我連打了三家修理店都說最快下個禮拜才能來修，無可奈何，只好祭出台灣還沒有冷氣時「心靜自然涼」的法寶。可惜今非昔比，台北已經比六十年前熱太多了，心即使靜到快要沒脈搏了，身也涼不下來，只得收拾書包去圖書館看書。

台北的公車非常先進，冷氣比我家的沒壞時還涼，因此挑了個最遠的圖書館，坐公車吹冷氣，順便逛大街。在公車上我發現一件事，上車的人用的幾乎都是嗶三聲的敬老票（普通票嗶一聲，學生票嗶二聲，敬老票嗶三聲），在三十分鐘的路程裡，總共上來了十九名乘客，有十六名是嗶三聲的，也就是說八五％的乘客是老人。

這太驚人了，雖然明知台灣已進入老人社會，六十五歲以上人口超過一四％，每七人中有一個是老人，而且早上十點鐘，大部分的年輕人，上班的在上班，不上班的在睡覺，但是親眼看到時還是嚇一跳。

放眼乘客，大部分像我一樣，退休，但身體心智仍然可以做事。電影《高年級實習生》（*The Intern*）中，男主角說「經驗永遠不會過時」（Experience never gets old.）；德國馬克斯普朗克研究院發現，智慧的顛峰在六十五歲；美國普度大學也發現在控制了健康、婚姻狀態和收入後，六十五歲是生命滿意的最高點；哈佛大學的研究更發現五十六歲是做財務決策最好的年齡，因為他們能立刻掌握複雜的金融訊息，不受情緒的影響，做出最好的決策。**六十五歲在現在看起來，是國家寶貴的人力資源和商界無限的商機**。

麻省理工學院的年齡實驗室出了一本《銀光經濟》（*The Longevity Economy*）的書，講的就是如何掌握銀髮族心理，賺他們的錢。戰後的嬰兒潮現在都到了退休的年齡，他們有幸生在美國最富強的時候，所以累積了不少財富，如何把這些人的錢從他們的口袋中掏出來是目前商家最大的挑戰。掌握銀髮族消費的大多數是女性，她們當了一輩子的家，跟生活有關的物品是女性在作主，所以商品一定要迎合她們的口味才會熱賣。

過去老人的商品賣不好，是因為設計者把老人當病人或廢人看待，因此設計出來的產品負面的意義多。年輕人不瞭解人最怕被人嫌老，因此老人除非不得已，絕不肯用。現在必須換個角度，把老人當作享受人生精華最後二十年的人，他們用的產品是年輕人想要，但用不起，只有口袋很深的老人才能享用的，這樣財源才會滾滾而來。

看起來「高年級實習生」是未來社會的趨勢，老人才知道老人想要什麼，佛羅里達州有個社區提供老人高爾夫球車當電動輪椅車用，很多人為此搬進來住。這招真是太高明了，因為高爾夫球車是有錢有閒的象徵。

做生意跟打戰一樣，都是攻心為上，萬般商機少不了心理學。但是目前老人心理學的課好像還沒幾所學校有開，這也是個商機呢！

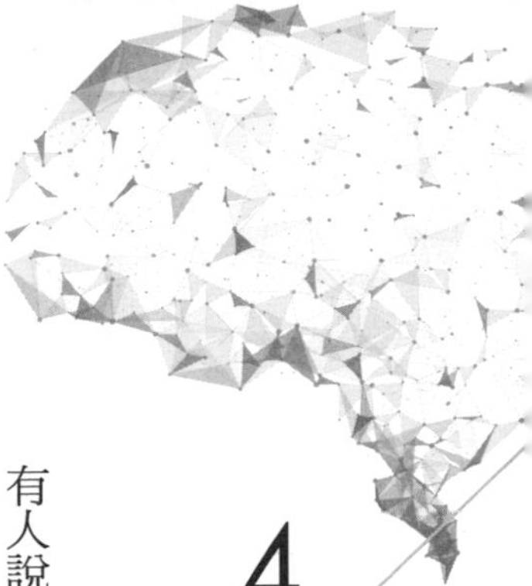

4 創造力能預測嗎？

有人說「他人請客我作陪」是最愜意之事。我倒不覺得，因為既然是「陪客」，就得盡力替主人陪好客人，若是碰到不恥下問，又打破砂鍋問到底的客人，有時還很難招架。

有一次我去作陪，坐在我旁邊的某企業老闆，知道我是教心理學的後，便說在二十一世紀，凡是重複性、可以被編碼的工作都可以用機器人來做，所以他的員工一定要有創造力才行。他問，有沒有什麼方法可以預測員工的創造力？尤其是研發部門的人員？創造力是現代企業生存的必要條件，他要搞清楚。

這真是大哉問，創造力是個看不見、摸不著的東西，心理學家從五〇年代便開始研究創造力，一直到現在才有一些頭緒。

當時是從新奇、彈性、多樣性思考、冒險犯難和勇於嘗試新的東西等人格特質著手去探討創造力。不過這些都還是紙筆測驗，**自從有了腦造影儀器後，神經科學家終於有了從大腦區域血流量的多寡來預測創造力強弱的工具了。**

創造力從神經學上來說，就是超強的聯想力：兩個不相干的迴路碰在一起，活化了第三條迴路，產生了本來不會想到的點子。所以早期測試創造力的測驗叫遠距聯想測驗（Remote Association Test，RAT），它的做法是給你三個字，如 base、snow、dance，你要盡快想出一個跟這三個字都有關的字來（答案是 ball，棒球、雪球、舞會）。因此只有大量閱讀才能使大腦有豐富的詞彙和綿密的概念連接，閱讀提供了創造力所需要的神經網路，創造力高的人，他們的知識和語意記憶系統比創造低的人強，密集的神經連接使他們容易觸類旁通、舉一反三，創造力的基礎是語意記憶網路（semantic network）。

九〇年代，研究發現躺在核磁共振中，做數學題目的受試者，在中間休息的時候，他們大腦某些地方會活化起來，這些地方跟處理心智作業的地方不同。研究者把它叫做預設網路（default network），**後續的實驗發現它是創造力的神經機制，人在無所事事，作白日夢時，一些本來不相干的點子會浮現出來，常常就此解決了問題。**

除了預設網路，大腦中還有執行網路（executive network），把注意力專注在正在處理的事務上，並壓抑其他不相干的念頭。第三個是突顯網路（salience network），它像個開關，把我們的注意力導向預設或執行網路去。

本來預設網路和執行網路像杜甫〈贈衛八處士〉中說的「人生不相見，動如參與商」：大腦在工作時，執行網路會壓抑預設網路，當執行網路退下時，預設網路就登上舞台。沒想到學生躺在核磁共振中設計一本書的封面或在創作一首詩時，他們大腦中，這兩個網路的區域都大量的活化起來，而且彼此溝通的越密切，這個人的創造力越高。現在賓州州立大學的研究者宣稱他們可以從大腦這兩個網路共同活化區塊的血流量程度來預測這個人的創意強度。我們正拭目以待更多的實驗來確認。

這位老闆聽了非常興奮，問我一台儀器要多少錢？他買設備是不手軟的。我心想，或許現在大人會允許孩子去作白日夢了。

5 平常心看精神病

近年來，因為社會轉型，人際關係疏離，工業化、都市化所產生的壓力和危機，使得精神病患的比例大幅增高。這是一個嚴重的社會問題，我們不能不正視它，但是因為精神病是個難以處理的問題，即使是在先進國家，要在社區蓋精神病院都會遭到社區居民的強烈反對，因為他們害怕房價會因此下跌；雖然有研究指出精神病院的建立並沒有降低當地的房價，但是先入為主的觀念已深入人心，居民仍然反對。因此，對於精神病患這個問題大家都是把頭埋在沙裡，得過且過，眼不見為淨。

其實現在科技發達，腦對我們已經不再是一個「黑箱」。自一九七〇年代電腦斷層掃瞄問市以來，我們逐漸瞭解腦的部位與行為的關係，例如左腦前區受傷了，病患常有失語症的現象發生；右腦頂葉某個地方受傷了，病患辨識不出物體。現在更加上有精密的腦造影儀器，如正子放射斷層掃瞄（Positron Emission Tomography, PET）和功能性核磁共振（functional Magnetic Resonance Imaging, fMRI），可以供我們在線上即時觀察大腦實際活動的情形，使我們對腦的疾病瞭解更多。

以前思覺失調症的人會有幻聽，聽到腦中有個聲音命令他做壞事或斥責他，現在透過 PEI 和 fMRI，我們知道他的確有聽到聲音，只不過那個聲音不是從外面傳進來的，是他的左腦顳葉活化送出來的神經衝動。利用腦部造影的方式，我們已逐漸明瞭，**許多以前認為是純心理問題的精神病可能是有生理上的原因**。既然是生理的原因，就可以對症下藥，用改變大腦化學平衡的方式改變行為，目前像憂鬱症、躁鬱症、強迫症、注意力缺失症、間歇性狂怒症等病症，都可以用藥物控制。

但是**精神病最大的問題，不是有沒有藥物可以治療，而是社會大眾對精神病有不正確的看法**，這些偏見和歧視使得患者不敢求醫，怕老闆知道後會失業、影響生計。多年前，美國的參議員湯瑪士・伊果（Thomas Eagle）曾被提名副總統候選人，後來因為他有因精神崩潰進過醫院的紀錄，提名就被撤消了。

另外一個問題是我們對精神病的認識不夠，不知道自己或身邊的親友已經有輕微型的精神病，所以不知道要求醫，讓病情惡化下去。不過，這個現象正在慢慢改進中。CBS 新聞節目《六十分鐘》（*60-Minutes*）的主播邁克・華勒士（Mike Wallace）在《新聞週刊》（*Newsweek*）上公開承認有憂鬱症，是靠藥物控制病情，使他能夠繼續工作。他說：「我知道我這一生都得服用 Zoloft，但是我別無選擇，我願意服用它，我不認為我會因此而失去別人的尊敬。」他是對的，消息曝光後，CBS 沒有因此而解僱華勒士，《六十分鐘》的收視率也沒有因此而下降。加州大學洛杉磯分校（UCLA）的精神科教授凱・傑米森（Kay Jamison）也寫了一本書，承認自己有躁鬱症，必須每天服用鋰鹽才能去門診看其他的精神病人。這表示社會已逐漸在修正對精神病的看法，開始接受它就是疾病的一種，與感冒、肺炎沒有什麼兩樣。從《新聞週刊》讀者投書的回應中，我們可以看到一些本來不敢求醫的人，受到華勒士的鼓舞敢去找醫生開藥了。

假如精神病是大腦生理原因引起的行為異常，我們應該以看待一般疾病的平常心態看待它。有的時候，你會發現當你兩眼正視敵人時，敵人其實比你想像的小，精神病這個問題或許沒有我們想像的那麼困難。科技的進步使得社會急速的變遷，這個變遷使得人體質上的弱點都顯現出來；但是也因為科技的進步，讓我們看到治療上的希望。生物科技的進步是必然的趨勢，我們應該瞭解它、利用它，而不應該抗拒它。

6 人際關係影響健康

曾有五名不良少年攔路搶劫被捉到警察局之後，仍然沒有一點羞恥之心，在局裡與警察嘻皮笑臉，一點都不在意犯了法，甚至有一個還說：「肚子餓了，打電話回家叫老媽送早點來。」看到這種新聞，許多人都罵學校教育失敗，社會風氣不好，我卻認為這是工業化、都市化必須付出的代價，這個代價不只是在社會治安方面，它也直接影響到我們的健康。

比如說有一個長達五十年的追蹤研究發現，美國賓州東部有一個小城羅瑟托（Roseto）的居民，心臟病死亡率比鄰近的兩個小城低，當研究者把年齡、性別、職業、生活習慣等變項都考慮進去後，該城的死亡率仍然低。尤其是這三個小城共用一間醫院，所以醫療設備及醫生都是相同的，它們的地理環境、人口數量及其他條件都很相似，因此這個死亡率上的差異，就令人百思不得其解了。

後來訪談調查的結果發現，這個小城是一八八〇年代義大利南部移民建立的。當地的居民牽親帶戚，彼此都認得，所謂「一表三千里」，大家都是表親，所以老年人生活不寂寞，精神有寄託，生了病，從來不必叫計程車，總有鄰居送你上醫院，也有鄰居打點你孩子上學做功課。一個人從生到死都上同一間教堂，坐同一排椅子，他認識教區所有的人，教區的人也都認識他，孩子用的啟蒙書上面有他父母當年歪歪斜斜寫的名字，現在教他的老師也就是當年他父母的老師等等，非常類似歐洲早年的鄉村生活。

研究者發現，這種緊密的家庭關係，這種人與人之間的關懷與愛心，正是這個城心臟病死亡率低的原因。因為當六〇、七〇年代社會風潮改變，這個小城三代同堂的緊密家族關係瓦解後，它的心臟病死亡率就竄升到鄰近的兩個城一樣高了。

這個研究充分說明了**溫馨緊密的人際關係對健康的重要性**，但研究的另一個重要訊息是：這個小城的犯罪率也比較低，就如同受訪的一位居民所言：「當每個人都認識你時，你如何能做壞事呢？」他舉個例說，有一天他想逃學到樹林裡玩，當他朝著樹林的方向走去時，一個路人停下問他說：「羅貝托，你的學校不是在另一個方向嗎？你怎麼走到這裡來了？」他急忙編了一個謊話搪塞矇混過去，同時加緊腳步朝樹林跑去。但是當第三個人停下來問他時，他放棄了，乖乖的調頭回到學校上課。假如有三個人知道你逃學，你爸媽會不馬上知道嗎？

這使我想起小時候，天資愚魯，考試考不好，有一次替母親去巷口雜貨店買醬油，老闆娘算完錢後，從罐子中捏了一小塊牛皮糖（麥芽糖）給我吃，說：「下次考好一點，不要惹你媽生氣。」我到現在都不明白她是怎麼知道我考不好、我媽正在大發雷霆。

像這樣的守望相助、鄰里相聞的生活方式，已經一去不返了。在瞭解到心情、人際關係對健康的影響之後，或許我們應該認真的考慮，是否該重建桃花源？

7 一張篩選知識的網

曾到一所名校演講，題目是夢與睡眠。會後學生踴躍發問，但問題多半是靈異方面的，例如心電感應、托夢破案、前世今生、轉世投胎、夢是不是預兆、心想事成是否真的等等非常迷信的話題。這些媒體炒作的題目出自一流學府學生之口，令我深深覺得台灣的科學沒有在學校裡生根。因為**科學不僅是知識的堆積而已，它是一種思考的模式，是一種批判的能力**，這種思考的能力目前在我們學生中似乎非常缺乏。

造成這個現象的因素很多，但是歸根究柢，我覺得是目前學生太少看教科書以外的書，因此基本知識不夠廣泛，沒有區辨事物真偽的習慣，更沒有批判性的思考以及獨立判斷的能力，所以當別人信口開河時，他自己的知識無法使他判斷這些訊息是否正確；又因為沒有科學的思考方式，所以無法推斷別人的說法是否合邏輯。我們的教學方式是課本知識與生活分家的，學生在課本上所學的科學知識是專為考試準備的，與日常生活上的應用毫無關係，因此才會有名校的高材生不知道蛋白加熱、遇酸會凝固，或是醫生開單子要八旬老婦去驗有沒有懷孕，因為課本上說女性照X光之前要先驗尿，以免傷害胎兒。

沒有統計機率的概念加上科普的知識不足，媒體的煽動性報導使得社會上瀰漫著迷信、靈異之風，凡事不反求諸己，而到寺廟問鬼神。

我們的學生不看課外書久矣，要打破這種課外書無益說，或讓每個學生瞭解看書是有益的事其實很不容易。許多中小學的老師不但不鼓勵反而禁止，認為功課都做不完了，哪有這麼多「美國時間」看課外書。但是台灣學生功課做不完的原因，是因為他們重複做一些無聊、沒有創意的作業，例如抄寫課本，抄寫生字。

一九八二年，美國密西根大學的史帝文生（Harold Stevenson）教授曾來台做了美、中、日三個國家小學生認知發展的比較，我國五年級學生做作業的時間是每週七百七十一分鐘，日本的仙台市為三百六十八分鐘，而美國明尼亞波利市（Minneapolis）是兩百五十六分鐘，我們學生的作業是美國的三倍。為了減輕課業的壓力，我們把教科書簡化，這又造成理解上的困難；既然無法理解，又要考的話，只有把它背下來，考試時，默寫上去了事。這樣反而增加學習的負擔。

其實**背景知識就像一個篩網，網越細密，新知識越不會流失**，老師說的話是一陣風，只有綿密的網可以兜住它。背景知識又像一個架構，有了架子，新進來的知識才知道往哪兒放，當每個格子都放滿了，一個完整的圖形就顯現出來，一個新的概念於是誕生。

背景知識也是「大師」和「生手」最大的差別。一盤殘棋給西洋棋生手看兩分鐘，然後要求他重新排出來，他無法做到；但是給西洋棋的大師看，他就能正確無誤的重新排出來。是大師的記憶比較好嗎？當然不是，因為當我們把一盤隨機安放的棋子給大師看，請他重排時，他的表現就與生手一樣了。大師和生手唯一的差別就在大師有背景知識，使得殘棋變得有意義，意義度就減輕了記憶的負擔。這個背景知識建構出來的基模（schema），會主動搜尋有用的資訊，將它放在適當的位子上，組合成有意義的東西；一個沒有意義的東西，很快就會淡出我們的知覺系統。

我想在國外教過書的人都有同樣的感覺：我國學生的基本知識，比國外同年齡的學生差了一大截，當他們沒有足夠背景知識時，實在很難要求他們作批判性的思考。因此，台灣的學生被動的接受知識，不懷疑、不加判斷的全盤接受後表現出來的人云亦云，是最令人憂心的事。

但是一個知識庫（knowledge base）的建立不是立竿見影的事，它需要長期的耕耘。台灣從過去替人加工的社會走入科技發展的社會，人力資源是我國最寶貴（也是唯一）

的資源。人力資源的開發一向是先進科技國家最重大的投資，我們現在若不趕快鼓勵學生多看好的科普書，讓他們有機會建立一套有組織的心理知識庫，使他們能有一張篩選資訊的網，以培養獨立思考的能力，我們真的會像林則徐奏書上寫的「數十年後全國無可用之兵」了。

國民的素質就是國家的財富、國力的指標，我們豈可掉以輕心！

8 給我們法治與秩序

星期五晚上在擁擠的天母西路上，一輛 BMW 轎車當街停下來，走出衣冠楚楚的一男一女，左右回顧一下之後，決定過馬路到對面的餐廳用餐。狹窄的天母西路被他這樣一停，立刻變成單行道，所有的車輛都要錯車才過得去，有人大按喇叭，有人把頭伸出來看是怎麼一回事，我的計程車司機更是破口大罵：「人就是賤，一不拖吊馬上就亂停車，我停兩分鐘去上個廁所，出來車子就不見了，一不拖吊，馬上就這個樣子，人真是賤！」

我看到這兩個年輕人悠哉悠哉地橫過馬路，手牽著手，親熱得很，無視別人的存在，孔子所說的「千夫所指，無疾而死」，在這一代年輕人身上顯然是不適用的，因為他們根本不認為這樣做有什麼不對。他們不會想到雙排停車時會侵犯到別人的行路權，後面的人得踩煞車，消耗汽油，磨損煞車皮，還得冒著被對面來車撞的危險，小心翼翼地繞過去。不是就有機車騎士因要繞過雙排停車而被公車撞倒輾死的嗎？這些人心中認為，只要我有閃緊急停車的黃燈，就可以下車去吃飯、購物。別人的不便完全不在他的考慮之內，好像只要有預示黃燈，他就可以大模大樣的為非作歹。

我很好奇的是：為什麼這兩個人敢這樣做？我想是因為在這個社會上很多人都這樣做，積非成是，「反正又不是只有我一個人如此」這種心態，造成人們對違規行為見怪不怪、習以為常的態度。其實**這就是心理學上所謂的「主題—背景」（figure-ground）的問題，當背景很雜亂時，主題便隱晦在其中，顯現不出來；假如背景很規則單純，主題便得以突出**。

比如說，現在在台北市，看到騎機車而沒有戴安全帽的人，你會覺得特別顯眼，會特別注意到他，因為別人都戴，他不戴，就像萬綠叢中一點紅，立刻就凸顯出來。當每個人都守法時，不守法的人就成為異類，變成大家注目的對象。動物都有附和群眾的特性，不敢隨便標新立異，所謂槍打出頭鳥，這是演化而來的特性。

我們的同胞到新加坡就不敢亂停車，亂丟紙屑，一方面固然是新加坡執法嚴厲，抓到就罰，另一方面也是因為大家都沒有這樣做，自己也不好意思這樣做。在一個肅穆的場合，人說話的音量自然會放小，就是這個道理。一條馬路如果有一個人在街道上雙排停車之後，後面立刻跟進好幾部，而這些車原來都在兜圈子找停車位的，一看有人「始作俑」，自己的膽子就大起來了，好像一件不對的事做的人多了，便理直氣壯。這種積非成是，在我們社會中非常嚴重。

公權力的不張，自由心證的沒有準則，執法的不嚴，是我們社會亂象的主要原因。有人把它怪罪到台灣人的自私自利，但是人性本來就是自私的，外國人不會比我們更不自私，而是他們的教養使他們凡事考慮到別人，他們守法的社會使自私的行為受到人們的不齒罷了。可見這不是自私不自私的問題，而是這個社會使守法的人變成傻瓜的問題。

九二一地震全倒、半倒的認定標準修改了許多次，有些房屋半倒的人在第一次認證之後，便挽起袖子，買水泥建材整修房子，使生意可以早日開張。但是因為標準一直改，馬上開始整修房子的人就吃虧了，那些和他情況一樣的人拖到後面都全額補助。許多人憤憤不平，認為這個社會是聽話的是傻瓜，好人永遠是吃虧的。社會沒有公理正義是我們的致命傷，許多就地合法的事情，使得老百姓分不清什麼是可以做的、什麼是不可以做的，黑白不分的模糊背景自然會有是非不明的主題。要整頓這個社會，我們必須使背景條理化，背景單純，亂的主題便凸顯出來。政府在這裡應該負責任，給我們一個law and order 的秩序社會。

基本上，我們實在談不上是一個法治的國家，我們似乎還停留在人治的時代，人在政在，人亡政亡。所以當官的戀棧，沒有風骨，做百姓的沒有公權力可依靠，只有求鬼神保祐。社會上放眼所見，皆是自私自利，為達目的不擇手段。在二十一世紀的今天，身為一個知識分子，怎能不憂心忡忡，慍於群小！

9 以證鑑人，豈有此理

曾經坐火車去參加一個口試，在月台入口處，一位手撐拐杖的小兒痲痺症女孩，因為沒有帶證件而不准用愛心票，在那兒與收票員爭論。最後，火車來了，她只好倖倖然補票。我對收票員說：「愛心票的目的就是為了優惠身心障礙者，你看到她行路困難，難道看不出她是個身心障礙者嗎？」收票員無奈的說：「規定就是規定，沒有證件就不能打折，不然萬一被抓到我要自己賠。」我聽了，頗不以為然。

法律重在精神，不在表面的死條文。任何一條法律都不能涵蓋所有的細節，所謂有規則必有例外，公務員之所以要經過考試才錄用，就是為了確定他有一般性的知識，可以自己做判斷，可以因當時的情境做出合乎法律精神的權宜措施。想不到坐上火車後，打開報紙，赫然又是一件同樣的事：一位國中二年級的學生投書報紙說，她們十個同學去動物園作觀察報告的作業，負責買票的同學有帶學生證，但是很多其他同學沒有帶，在入園時就被攔下來補票。雖然她們有健保卡，有其他可以推算年齡的文件，但是因為沒有學生證，就是被擋在外，最後也是補了票才得入園。

這兩件事令我沉思，令我擔憂。我們的公務員什麼時候變得如此沒有彈性？人比電腦操作的機器人高明的地方，就是人有彈性，可以應變，而電腦操控的機器人必須依照程式執行指令，一板一眼，不可變通。學生票的目的是優待學生，只要他能證明自己是在國民教育年齡之內的就可以當做學生，就與立這條規的精神相符，執意要求學生證就有點食古不化了。

天下沒有任何一條法律可以列盡所有的可能性，也沒有任何一個國家是完全執行條文上的規定而不允許例外事件。我們應該相信所有的公務員有獨立判斷的能力，他的長官應該相信自己任用的人會根據法、理（立法精神）、情（當時情況）作出最佳的判斷，而不會懷疑他徇私，更不應該在查到後叫他賠錢。所謂「疑人不用，用人不疑」，長官應該相信下屬會秉公處理。

再者，一個國家要有效率，權力一定要下放到執行者身上：收票的人有權自行決定旅客是否為身心障礙者，遊客是不是學生。否則層層請示，人人不敢負責，一件事蓋了十幾二十個章還辦不成，這一點是我們的社會最為人所詬病的地方。我想很多人都有這個經驗，去到熟悉的銀行，即使業務員認得你，如果圖章不對還是領不到錢，而別人拿到你的印鑑，即使不是你本人，也可以賣你的房子，這一點常令我們小老百姓非常惶恐，不知印鑑和本人哪個比較重要。其實銀行的行員只要認得你，你簽了字，她就可以把錢交給你，因為「本人」的法律地位應該比印鑑高，她可以負鑑定「本人」的責任，經理應該相信每天與客戶接頭的行員有能力認得客戶。

所以說穿了，我們今天覺得法令綁手綁腳，窒礙難行，最主要的原因就是我們的法令都是以防弊為目的，把替國家執行法令的人和當事人當賊看待。基本上我們大家彼此不信任，所以只好相信白紙黑字的證件、鑑件。

也許這些例子都是生活上的小事，但是由這些「小」事，卻點出「公務」窒礙難行的根本所在。一個社會沒能培養出「可以信賴」的環境，才會需要用層層條文把人綁死，為了防弊失去人性，這是很高的代價。

10 算命：對號入座

過年期間，算命的生意好得不得了，大家都想知道一下未來的運氣如何。其實從資訊學的觀點來說，算命並沒有帶給你任何訊息量，因為它並沒有減少你的不確定性，算命說的話都是模棱兩可，你要自己揣摩那些話究竟是什麼意思。

心理學上曾有一個非常有名的實驗，講的就是算命的原理：一位教授在課堂上宣稱他會看相、算命，他發給學生每個人一個信封，上面打著學生的名字，並有「非本人不得拆閱」的大字，裡面是他對這個學生人格的描述，他請學生看完後，在一個五點量表（一代表最不符，五代表最符合）上表示他們認為老師寫得多準確。結果學生給的分數是四點三，表示大家都覺得老師很厲害，是「半仙」；在確定這一點後，他請學生把自己的那一份與隔壁的人交換。一換之下，大家都大吃一驚，因為每個人手上的那張紙都一模一樣。這個實驗的精華就在這裡，既然每個人的都一模一樣，為什麼學生還會認為這是一個對他們獨特人格有效的描述呢？原來這張紙上打的是：

1. 你很需要別人喜歡你、尊敬你、羨慕你。
2. 你對自己的要求很嚴。
3. 你有很大的潛能有待開發。
4. 雖然你有一些人格上的弱點，但是你都可以彌補。
5. 雖然你外表看起來很堅強鎮靜，很能自我控制，其實你的內心多憂而且缺乏安全感。
6. 你發現對別人坦白自己是件不聰明的事。
7. 有的時候你很外向、社交性強、和藹可親；但是有的時候，你很內向、謹慎、保守。

看到這些項目，你就知道為什麼它會放諸四海皆準了，因為它對誰都適用，讓大家自己去對號入座。比如說，你很需要別人喜歡你、尊敬你、羨慕你，請問，誰不是呢？你對自己的要求很嚴，老師不是天天說：百尺竿頭，要更進一步嗎？你有很大的潛能有待開發，當然是，不然為什麼還更努力呢？雖然你有一些人格上的弱點，但是你都可以彌補，人非聖賢，每個人都有許多缺點，有人做事喜歡拖拖拉拉，非等到火燒眉毛才去處理；有人做事馬馬虎虎，差不多就好，每天都有「錯把馮京作馬涼」的事發生；一種米養百種人，這一句話可以說是每一個人的弱點，對任何人都適用。

至於外表很鎮靜，內心很沒有安全感，誰不是這樣呢？就像美國著名的諧星鮑伯·霍伯（Bob Hope）說的，他雖然主持過許多次的奧斯卡頒獎典禮，見過非常大的世面，每次燈光打起要出場時，他還是會緊張，邁出去的第一步還是會抖。這些話其實都適用於大部分的人，所以每個人都覺得描述的就是他自己。

最妙的是，這些題項是教授從報紙上的星座算命欄上抄下來的。由此可見，所謂的**算命其實針對的就是大腦喜歡把事情合理化，人有「對號入座」的心態，以及我們會主觀解釋別人的話的習性**。心理學家很早就指出，人有選擇性的注意，只聽自己愛聽的話，把和自己假設不符的證據拋到一旁不理；也因為這樣，所以這個實驗雖然一九四九年就做了，但是這幾十年來，算命的人不曾減少過，包括知道這個實驗的心理學家在內。

政客也深知人的這個心理，所以競選時敢大放厥詞，亂開支票，反正選民只聽他們要聽的，沒有人去管前後的矛盾與實現的可能性。二〇〇〇年總統大選前，一位密宗大師預測選情時說：連戰很穩，陳水扁很會變，宋楚瑜否極泰來。請問，你從這三句話中可以知道誰會當選嗎？笛卡兒（Rene Descartes）說：「人是理性的動物」，從人的行為表現上，這句話實在值得懷疑。

11 男女有別是福祉

在報上看到一則「男人因背後有偉大的女人而成功，因成功而身邊有了漂亮的女人」的話而頗有感觸。每個人的媽媽都是女人，大家一邊高唱偉大的母親，一邊歧視女人。當孔子說「唯女子與小人難養也」時，不知有沒有想到他媽媽也是女的。

在這個科學進步的二十一世紀，我們對女性的觀點仍然停留在花瓶的階段。陽明大學曾有位女性教務長而且長得很漂亮，出去開會時，常有人嘖嘖驚奇：「這麼漂亮的女孩子也會念書？」讀書是用頭腦去讀的，與漂不漂亮有什麼關係？由此可見社會大眾對女性的看法。

其實，我們對男女平等這個問題，並沒有從大腦功能上的差異看待它。如果瞭解了，我們就知道男性與女性各有所長，**變異性是人類能夠生存到現在的一個重要原因**。在這個講究多元智慧的社會，我們應該不需要婦女保障名額來維持表面的平等。人類的胚胎一開始時是個女性的胚胎，當長到六週時，如果此時有分泌出男性荷爾蒙，這個胚胎就會變成男性；如果沒有，這個胚胎就成為女性。所以，胚胎是有男性荷爾蒙出現時變成男的，沒有就變成女的。從這個觀點來講，男生是女生變的。這個荷爾蒙的不同造成大腦功能分布上的不同。有研究發現因癲癇而切除部分大腦部位的人，雖然切除部位相同，但是他們在空間和語言的作業上會因性別而有顯著的不同：右腦切除的男性病患，失去他們做空間測驗的能力，而右腦切除的女病患卻不會；左腦受損的男病患，失去大部分的語言能力，而同樣部位受損的女病患也不會。多年前，我婆婆中風，我看到她的電腦斷層掃瞄片子，左腦受損的部位很大，我擔心她會有失語症，結果，六個月後，我回來看她時，她向我抱怨醫院伙食太差，令我驚奇不已。男女失語症的比例是三比一。

透過核磁共振的腦造影技術，可看到男女兩性在解數學題目、做語文測驗時，左右兩腦工作的地區大不相同，男性是我們所謂的區組性（compartmental），一塊地區專管一個功能，女性比較具擴散性（diffused）。同時，在男女兩性聯結兩個腦半球的神經纖維束（胼胝體）的厚度也不相同，女性的寬且厚，表示兩邊腦半球互通訊息的速度比較快。女性對聲音比較敏感，可以很快的正確判斷出兩個不同的音，女性對臉部表情的細微變化也比較能明察秋毫，知道說話人背後真正的意思。

這個大腦的不同導致行為的不同，行為的不同又引出男女在思維方式（所謂心智

mind）上的不同。女性傾向保守，男性易於高估。一個由具自主性的許多個體組成的社會才會多元且有趣，才會產生五彩繽紛的各種文化。因此，**從基因到神經結構，由行為到認知，性別差異都是個事實**。從演化的觀點看來，這是個好處，因為在環境變遷時，有變異性，有不同，才能適應新的環境挑戰，兩性差異保證了人類的永續生存。所以這個男女不同是個福祉（blessing），不是個詛咒（curse）。

在民智未開時期，差異總會造成恐懼，因而造成一方壓抑另一方，形成歧視。如今科學的成就使我們越來越能看清差異的本質。事實上，差異才是造成整體運作的必然要素。我們必須正視差異，超越差異，才能走向真正公平、公正的社會。

12 表現好才有自尊

曾在國中的輔導課本中看到一個如何建立自尊的單元，它告訴孩子，早上起來對著鏡子大喊三聲「我最棒，我最好，我最酷」，就會自我感覺良好。書頁的插圖畫著一雙鼓掌的手，上面寫著「我們為自己喝采！」習作是五題填空題，要孩子填：「我很特殊，因為……」它的例題是「我會幫助同學」。

我看了以後很不以為然，自尊不是這樣自我膨脹一番就可以得到的。**自尊必須來自別人對你的尊敬，而別人對你的尊敬只有來自你的人格完整與表現卓越**。這種口號式的教導是虛偽的，就像是沒有誠意的恭維，小孩子很快就會發現它是假的、騙人的話。

「自我感覺良好」必須和「自我表現良好」聯在一起才有用，一個沒有「自我表現良好」支撐的感覺就像汽球一樣，一戳就破，反而會使孩子對自己更沒有信心，更容易得憂鬱症。亞里斯多德（Aristotle）說得好：「快樂不是一個可以與我們所作所為分開的感覺。」快樂就像是舞蹈中優美的動作，不是舞者在跳舞後的感覺，而是舞者在跳得很好時一種發自內心的成就感。

從生理上，我們知道要達到快樂有三個條件：第一，必須有快樂的原因（如見到你的情人）；第二，必須沒有負面的情緒，因為不管你有多高興，一旦有強烈的恐懼、憤怒或悲哀出現，這個高興就立刻化為烏有；第三，它必須有意義，沒有意義，即使沒有負面的感覺，你也不會覺得快樂。

降低自己的目標或希望並不能使自己快樂。假如一個孩子表現不好，即使他一直告訴自己「我很好，下次會更好」，也無法使自己快樂起來，他必須面對這個現實，找出自己哪裡做不好，努力改進，才有可能「下次會更好」。一個沒有被「表現良好」驗收的「感覺良好」是短暫的，**自尊和愉快的感覺必須來自征服挑戰，克服困難**。一旦孩子有了自尊，他就會越成功，別人會越喜歡他，原來的煩惱自然消失；但是如果沒有經過挑戰與征服就直接想要得到「感覺良好」，那就是倒果為因了。

我們不應該鼓勵孩子「感覺良好」，而是應該教他們「表現良好」的技巧。多元智慧的理念就是說每一個人的特長都是好的，音樂好的人並不輸給數學好的人，只要有某一方面的長處，把它發揮出來就是好。自尊來自所有的成功與失敗，它是果，不是因，因此，我們無法教「自尊」，因為它是在孩子學會「表現」之後，自然尾隨而來的副產品。孩子的「特殊」必須來自別人對他的認定，假如人人都特殊，就沒有人是特殊的了，不是嗎？我認為幫助孩子實際做到「表現良好」，才是輔導的主要的目標。「感覺良好」是自欺欺人經不起考驗的氣泡，每天大喊三聲，除了練習肺活量之外，恐怕對孩子沒有什麼好處。

13 請尊重生命

在報上看到一位退休的司法官說司法之事是良心工作，對當事人來說，案件沒有大小之分，因為每一件案子都可以影響一個人的一生，雖然三十分鐘和兩個小時都是斷一個案，但是假如法官馬虎斷案，三十分鐘就可能毀了一個人的一輩子。我看了非常有感觸，因為幾天前才發生一個人被誣告說他撞死人逃走，官司纏訟達十年之久，最後揪出真兇，竟然是指控他的證人之父。

這個案子，檢察官不比對照片，不主動偵查，完全無視於被告與相片不符，被告名字與通緝名字有一字之差（柏和伯），竟然草率提出告訴。這麼明顯的不同，卻在檢察官的忽略之下可以打上十年的官司，有點令人不可思議。一個人受到這種冤枉，他的心情可想而知，他家庭的氣氛也可想而知。這個案子雖然無罪開釋，還他清白，但是，人生有幾個十年？這個案子充分表現出對當事人的不尊重，不考慮胡亂起訴對一個人以及他的家庭所造成的傷害，令我深深覺得，我們的法學教育沒有談到對人的尊重。

生命的價值不在於它是高等動物或低等動物，也與他的位高權重或卑賤低下無關，

只要他是一個生命，就有受尊重的權利，我們就應該尊重！

法學和醫學是兩個直接牽涉到人生命的學科，我有幸經歷過這兩個領域（法學院畢業，醫學院教書），特別感到生命教育在台灣的不足。醫師常不耐煩的對病患說：「跟你講，你也不懂，你回去照著吃藥就是了。」他不瞭解一個人即使無知也是個人，也需要受尊重。我們的教育沒有讓孩子瞭解職業無貴賤，只要憑自己的勞力賺來的都是光明正大的錢，所以我們的孩子不尊重外籍移工，常常趾高氣昂的指使他們，嘴裡說的是「替我拿來」而不是「請你幫我拿來」。

陽明大學旁邊有個軍艦岩，假日很多人前來登山，我常看到小孩子一邊走，一邊隨意的拉扯路旁的樹木，隨扯隨丟，父母在旁並不加以管束。俗語說：「一根草，一點露。」上天有好生之德，為什麼我們的孩童看不到這一點，對原來欣欣向榮的花草毫不留情的一把扯下丟路旁？

我曾參加過一個樹蛙研究的學位口試，學生懶得花時間觀察出生在竹筒中的蝌蚪如何維持生命，竟採取把母蛙抓起來，看竹筒樹洞中的蝌蚪會不會餓死的方法，以決定母蛙是否有回去產下無受精之卵以餵食小蝌蚪。雖然他得到了實驗結果，我卻為這種做法感到震驚，把小小蝌蚪活活餓死，只是因為學生覺得這種方法比較方便，他們完全不考處蝌蚪也是生命，和你、我一樣，在這個世界有生存的權利。

我們的不尊重生命，更可以從下面這個二次大戰時的真實故事看出。一九四四年左右，南部有戶人家迎娶隔壁村莊的女子，當花轎到達時，因拜堂的時辰未到，暫停在門前曬穀場等候。就在那時，空襲警報響起，全部人都跑去躲警報，只留下新娘還在花轎內。因為婆家迷信拜堂的時辰未到，進夫家門會不吉利，所以就把新娘子孤伶伶的留在花轎內，接受「命運的考驗」。我看了這篇文章很不瞭解，難道新娘子炸死在夫家門口，不會比早一點進門更不吉利嗎？我們對一個生命的不尊重可以到如此，令人扼腕。

生命教育不是喊口號、背教條可以達到的，它必須從經驗中體會，從文學作品中引發同理心。在母親節當天的報紙上，有兩則棄嬰的消息，一個剛出生的女嬰被拋棄在魚塭旁的草叢裡，被一名移工撿起，當撿到她的移工質問警察「你們台灣人怎麼會這樣？」時，警察感到汗顏，無言以對；同一天，另一個嬰兒被拋在貨車上等死。這種消息刊登在母親節的報紙上真是個諷刺，「虎毒不食子」，我們的教育出了什麼問題？

14 教導遠勝矯正

西諺「你不能教老狗新的把戲」這句話，在鳥類的研究上得到支持。金絲雀是一種可以學別的鳥唱歌的鳴禽，牠和人類一樣，左右腦半球有側化的現象，人的左腦負責語言，鳥的左腦負責唱歌。牠的左腦中負責唱歌的神經元，會在秋天交配季節結束後死亡，等到來年開春時再長出來學習新的歌。這真是一個非常有趣的現象，因為我們都以為腦神經死亡了不會再生。但是細想起來，這樣做是合理的，很多人都有這樣的經驗，就是改一件舊衣服，不如買布重新做，比較省事、合身。要讓鳥兒忘掉舊的歌學新的歌，不如讓神經元死亡，從頭開始學習比較省事。

的確，一個習慣養成後，要改很困難，一不留神，舊習慣常會跑出來。我剛搬新家的時候，晚上做完實驗開車回去，常常很自然的開回舊家，看到老房子才猛然警覺，調頭回來。大自然是個精打細算的主婦，絕不做無用的浪費，所以乾脆讓那些神經元死亡，等到明年春天要用時才長新的出來，既免得學習干擾，又免去能源的浪費（就人類來說，大腦占我們體重的二％，卻用去我們全身能量的二〇％）。這個算盤一打，自然是應該先遣散，要用時再召募。

在臨床上，我們也看到腦傷的病患一開始注視電腦螢幕上出現的光點都沒有問題，然而一旦注視上，要收回眼光追蹤已經移動到螢幕另一端的光點時，病患就有困難，好像已經做了一件事，現在要停止正在做的事去做另一件事就很困難。這個現象使我想到，**孩子的行為要從小就好好培養，一旦形成壞習慣再來更正就很困難；矯正所費的力氣，遠超過原來教導的工夫**。

近年來，因為社會的變遷，許多小家庭都是雙薪，孩子交由外籍移工或保母帶，父母白天上班晚上忙著應酬，無暇顧到孩子。我認為請移工幫忙做家事，減輕母親的辛苦是可以，但是孩子還是要自己帶，不應該假手他人。親子之樂是金錢買不到的，錯過了孩子的童年，再多的金錢也換不回那時的童稚與純真。更何況從演化的觀點來說，基因的傳遞才是成功的定義；假如贏得世界卻失去孩子，基因的傳遞中斷了，那麼在演化上，你是個失敗者。

曾看到一篇讀者投書說為了償還公婆所欠的債務，必須把孩子託養在鄉下親戚處，自己上班賺錢還債。我看了這篇文章心中很不忍，很想告訴這位媽媽：沒有什麼債務比親自照顧自己的孩子長大更重要，因為一旦孩子行為發生偏差，不但造成社會負擔，也造成父母一生的遺憾。替別人償債是個不智之舉，因為我們無法控制別人的行為，你繼續償，他會繼續欠，日後會演變成無底洞，好像精衛填海。

多起青少年飆車和搶劫砍斷人手臂事件，使我覺得如果我們再不重視家庭和學校教育，我們蓋監獄的速度會趕不上社會對監獄的需求。好的開始是成功的一半，事後矯正是件事倍功半的事，金絲雀的研究值得我們深思。

15 書是無聲的老師

交出成績單，這學期終於結束了，我長長的舒了一口氣。在漫長的暑假開始之前，我照例檢討一下這學期的教學，發現自己常常在趕進度，雖然和在國外一樣的用心教，但是我的進度老落後，一樣是上兩小時，這裡的兩小時卻講不完一章。拿出授課筆記，仔細的看，突然之間，我明瞭了。

我們的學生在高中分流太早，又因大考的命題方式，除了課本滾瓜爛熟之外，其餘不考的東西一概不知道，也沒有看課外書的習慣。所以，當我舉一個例子說明一個現象時，往往還得再舉另一個例子說明這個例子。這些例子的例子當然會占去很多上課時間，所以我就感到進度落後的壓力了。

我很為這個現象憂心，不只是學生上課吸收的程度，更重要的是不看課本以外的書，他的人生經驗就非常有限，品德也無法得到健全的培養。**書本是個無聲的老師，從書中，可以接觸到古今中外各式各樣的人物，透過書中人物經歷的「感同身受」，可以培養同理心、同情心與是非的判斷。**比如說，看過《梅崗城故事》（*To Kill A*

Mockingbird）的人，很少不為美國南方黑人受到的不平等待遇而動容，這本書在「種族歧視」上所傳達的訊息，遠比青年守則或公民課本來得深入人心。

品德的培養需要潛移默化。透過書本，我們讓孩子知道社會規範的實質內涵，為什麼這個人的行為受大家尊重，而另一個人的行為被大家不齒。它也使學生有遠大的志向，有榜樣可以模仿。我曾經做過醫學院推薦甄試的口試委員，當我問這些全國最優秀的學生平時看些什麼書，能否舉出一本最喜歡的書的優點時，大部分的學生都張口結舌，答不上來；當我請他們舉一個心目中想效法的好醫生時，來甄試醫學院的學生竟然無法回答，僅有一個學生說「史懷哲」，我再追問他本土的醫生時，他想了很久，最後答「國父」。我們學生的不看課外書，孤陋寡聞到了令人汗顏的地步。

國外的學生可以在大學時念藝術史，後來拿到諾貝爾化學獎（Roald Hoffmann）；也有大學時念考古人類學，後來進哈佛醫學院（寫《侏羅紀公園》（*Jurassic Park*）的Michael Chrichton 就是），這種情形在台灣有可能嗎？在我們花大錢買儀器、蓋大樓時，是否應該先檢討最基本的學生素質、通識底子的問題？

現代社會網路資訊發達，多媒體的傳播更是無遠弗屆，但是我們的學生知識仍然貧乏，生活智慧尤其低下。他們有片段的資訊，卻沒有系統化的知識，更談不上把知識應用到生活上。沒有豐富的常識，就不能期待他們會有遠見。所以，我們應該鼓勵年輕人多讀書，讓他們的生命多一些內涵！

16 求經費不如棄本位

幾位國立大學校長曾連袂向總統進言，要求增加高等教育經費，提昇國內學術水準。我國大學競爭力一直下滑，這是不爭的事實，除了經費不足之外，最嚴重的應該是國內還有很強烈的山頭主義，做不到科際整合，這個心態不改，科學是無法提昇的。

科際整合是二十一世紀必然的走向，尤其是社會科學方面，因為它的研究對象是人。人的多樣性，迫使我們必須從許多不同的領域瞭解人的行為，才不會瞎子摸象，各執一詞，以偏蓋全。我們可以舉記憶來說明科際整合的重要性。

記憶是人之所以為人最重要的一個因素，但是台灣的醫學院和法學院這兩個判人生死的領域卻沒有開記憶的課。曾有一位辯護律師想要打擊目擊證人的誠信，在法庭上問證人：「你說你記憶力很好，請問你上星期五早飯吃什麼？」證人答不上來，律師便高聲說：「你看，他連自己三天前吃了什麼都不記得，怎麼可能記得三個月前發生的槍殺案？」當場很多人點頭，殊不知這是兩個不同的記憶，由兩種不同的大腦區域負責。我們每天吃什麼、穿什麼，這種例行公式性的記憶，最容易受到後來發生的同樣性質事件的干擾。很多人下班時，都要想一下才會記得今天車子停在哪裡，這種有意識的外顯記憶，也是失憶症病人失去的記憶；另外有一種是潛意識的內隱情緒記憶，它是由杏仁核處理的，這個神經迴路比外顯記憶的皮質迴路短，所以緊急時候，我們是先反應才知道自己做出了反應。一個失憶症的病人失去外顯記憶，卻可以有內隱記憶，也可以有程序記憶，所以他可以學新的技術如彈琴、騎車，只是不自知而已。

記憶的研究絕對不是心理系獨家的事，而是與醫學、法學都有關係，但是在台灣看不見別的領域的人共同參與，很多科系雖然只是上、下層樓，卻老死不相往來，考試簡章仍有「非本科系不得報考」的字樣。其實，為什麼不開放給所有人應考，只要考得上便讓他念呢？教育的鬆綁真的是非要從「觀念」開始不可！

美國紐約州法院曾作出一個震撼的判決，假如孩子經診斷為過動兒（ADHD），而家長不給他吃藥的話，父母就是「虐待兒童」。這個案子動員了教育心理學家、發展心理學家、神經心理學家、醫師、治療師一起討論，採集各方的證詞後，最後作出保障兒童受教權的判決。**這是問題導向的思考方式，而不是領域為主的本位式思考**。在大學裡，我們需要的便是這樣的合作和胸襟，經費固然重要，人謀不臧也是枉然，如何捐棄成見，不搞派系，應該是各位大學校長努力的目標，何不從這裡先開始呢？

17 人是情緒的動物

好友買了一個不倒翁放在大門口，進出門時揍幾下，發洩一下心中的窩囊氣。我看到這個情形相當吃驚，一是想不到不景氣已經影響到市井小民的心情，竟要以暴力來反映情緒。其次，他是念心理學的，竟然不知道這個方法不但沒用反而更激起他的怒氣。

我們的情緒知覺最主要是來自生理的反應，比如說當心跳加快、血壓上升、瞳孔放大、手心流汗時，我們會依照外界的情境解釋自己的情緒是恐懼還是憤怒（因為這兩個情緒從自律神經所引起的反應幾乎是一樣的）。如果我們用力打一個不倒翁，打的動作本身會激發生理上負面的情緒反應：打的人臉部肌肉會變僵，笑容會消失，雙手握拳用力的伸縮會使交感神經亢奮，將更多的血液輸送到手臂，造成心跳加快、血壓上升，所以一個原本情緒中性的人，在打了不倒翁十幾下之後，臉上的表情是憤怒的，而情緒也變成負面了。

我們不是個理性的動物，常受情緒左右。最主要是因為，從情緒中心的杏仁核通往理智中心的皮質前葉的神經通路比較密，而理性通往感性的神經通路比較疏。我們憤怒起來便會口不擇言，把理性拋在腦後，做了再說。其實我們對情緒的分辨力非常差，吉爾伯特和沙利文（W. S. Gilbert & A. Sullivan）的輕歌劇中曾有一句：「沒有經驗的戀愛生手，會把墜入情網誤會為消化不良。」因為這個可憐的傢伙感覺到的都是胃痙攣（所謂的butterfly）。

心理學上也有個非常有趣的實驗，清楚點出我們的感覺是受到內臟反應的影響。這個實驗是將男性受試者請進實驗室看裸體女郎的幻燈片。在看片子的同時，實驗者讓受試者從擴音器中聽到自己的心跳聲。但受試者不知道的是，這個心跳聲其實不是他自己的，而是錄音帶播放的，實驗者可以隨意將聲音調快或調慢。受試者的任務，便是在一個美麗量表上給裸體女郎評分，看她有多迷人。實驗結果發現：受試者是憑著他聽到的心跳給分數，假如心跳快，他就給高分，因為他認為她一定是特別漂亮，我的心才會碰碰的跳得這麼快。

既然我們的情緒會受到生理回饋的影響，用打不倒翁或撕電話簿的方式發洩情緒，就不是一個很好的方法，因為這些動作都會更增加負面的情緒。更何況，打完之後，問題仍然存在，並不會因打過而消失。俗語說「解鈴還需繫鈴人」，只有從問題根本解決才會一勞永逸。

有個故事說某人與上司不合，又找不到別的工作，每天朝上司相片射飛鏢以紓解怨氣，所以痛苦萬分。有一天，他靈機一動，將上司的履歷送去求職，結果上司被別家公司重金禮聘，遺下的缺由他遞補，圓滿的解決了他的問題。所以**我們應教孩子如何從認知層面上界定問題，化解情緒**，而不是鼓勵肢體宣洩，徒增社會暴力。

18 以主控感化解壓力

現在已邁入二十一世紀，回顧人類這兩千年的成就，任何一個人都會引以為傲。人類的知識可以累積得這麼快，完全是因為有了文字，知識得以傳承，它讓我們爬上巨人的肩膀，看得更高更遠。有人說一九六一年到一九八一年，這二十年間知識的累積是過去兩千年的總和，而從一九八一年到二〇〇〇年，知識量又翻了一倍。「知識爆炸」對很多人來說，已經變成壓力，有三五%的美國人認為這是他們壓力的來源之一。

知識會造成壓力，主要是因為人們覺得各種新知識排山倒海而來，讓自己失去主控感。主控感是個很奇妙的事，即使你對情境並沒有控制權，但是假如你誤以為自己有，壓力也會減低。有個實驗讓受試者在嘈雜的環境下作很困難的作業，有一半的受試者被告知他們可以按鈕減低音量（其實是不行），另一半的受試者則沒有這個錯覺，結果那些自以為有控制權的人，壓力的指標（手掌出汗、心跳加快、耳鳴、頭痛）比較低。

這個主控的感覺也會影響我們的免疫功能。有一個實驗將老鼠的籠子地板通電，有主控權的老鼠可以旋轉開關，將電流關掉；沒有主控權的控制組則不行。結果，那些沒有主控權的老鼠，免疫功能比有主控權的弱了很多，在注射腫瘤細胞後，那些沒有主控權的老鼠癌細胞生長得比較快。

這個主控感更影響我們的健康，有一個實驗將安養院的老人依他們所住的廂房分成兩組，東廂房的人有主控權，可以決定早餐吃煎蛋還是煮蛋，週末看西部片還是愛情片，也要負責照顧自己房間裡的盆栽，死了要賠。西廂房的人雖然吃的、住的，一切都與東廂房一樣，自己卻不能做主，一切聽從院方的安排，一、三、五吃煎蛋，二、四、六吃煮蛋，週三看西部片，週末看愛情片，房間也有盆栽，但是護士會進來澆水，自己不必管。一年之後，研究者發現那些沒有主控權的人死亡率較高。雖然是一樣的生活，自己心中感到對自己生活有沒有控制權，竟然造成這麼大的差別。

我們對自己無法控制的事情最感無奈，但即使在無奈的情境中，我們仍然可以做一些事幫助自己紓解壓力。很多人都犯一個錯誤，常常想一次把所有的事情改掉，大部分的壓力來自訂的標準高過自己的能力，因做不到而感到失敗的痛苦，這也是現代人沮喪的最大原因，我們應該一步一步的朝目標前進，而不是一步登天。**對於知識爆炸這個壓力來源，最好的應對方式便是養成閱讀的習慣，使自己無時無刻不在吸收新的知識**，當你每天都有學得新的知識時，主控感便油然而生，壓力也在無形中化解了。

19 腦中的老頑固和激進派

科學家以核磁共振的腦造影技術研究人腦的活動形態時，發現小學生在念一個句子時，要動用到整個大腦的資源，而大學生在讀同一個句子時，只有一小部分大腦亮了起來，表示在做一件純熟的事時，大腦只要一點點的資源就可以了。我們常說「熟能生巧」，習慣了就不必花大腦資源。這個「重複」其實是人類學習的方式，比如說，一個開車的老手可以一邊開車，一邊聊天，不必花心思去轉方向盤，打信號燈；但是一個生手剛上路時，卻是手忙腳亂，慘不忍睹，一直要到他把開車的各個動作重複到習慣成自然時，就可以和別人一樣把大腦的資源釋放出來，做別的事去了。

重複也是快樂的本質，因為重複帶來熟悉，熟悉帶來安全感，安全感帶來快樂。

心理學上有一個很有趣的實驗，它強迫外國學生判斷喜不喜歡某個中文字。受試者通常會抗議說，他完全不認得中文字，如何判斷喜不喜歡。但是當他勉強的坐在電腦前選擇時，他的行為卻是可預測的。因為假如在這個字出現前，先很短暫（千分之三十秒）的閃示一下這個字，受試者雖然完全不自覺，他的大腦卻看到了，這時，再出現這個中文字時，他會偏向於選擇喜歡，因為前面看過一次，熟悉度增加了他的喜好度。這也是廣告為什麼要一直重複的原因。

重複做一件事時，你會預先知道它的結果，大腦不必準備驚奇出現時的應變行為，可以節省很多的能源。而且重複使得你的神經網路跑得很熟練，可以輕而易舉的完成這件事，它帶給你快樂和自信，我們常常看到精神病患做簡單的手工，它的治療原理便在此。但很奇怪的是，人類一方面要重複做一件事，一方面又不安於現實，不停的要創新，我們一直在追求進步，一直在改造我們生存的世界；在改造中，我們失去舒適的慣例和穩定，變得焦慮和憂鬱。因為我們每天要應付新奇、不熟悉的挑戰，我們的文明將我們從一個熟悉、舒適的生活，推往另一個陌生的生活方式。

這個看似矛盾的現象，如果從演化的觀點來看是很合理的。**人如果一直做重複的事，固然節省了腦力和體力，然而一旦環境改變，就可能有死亡的後果，因為原來慣做的事已經不適合新的情境。**但假如一直在求變，那麼環境改變時，可以立即適應新環境，就可以生存下去，不會被淘汰。

在二十一世紀，我們對智慧的定義已改為「在新的環境中適應新情境的能力」。這個「新」是求變，而這個「適應」正是重複，我們終於瞭解，為什麼世世代代都有人被罵為「故步自封」和「動搖國本」，因為它根本就是人類生存的兩個基本條件，我們終於在大腦中看到「老頑固」和「激進派」的生理機制。

20 失之毫釐，追之莫及

在神經科學的研究報告上，我們看到一個很有啟發性的現象：**先天的一絲差異，卻會造成後天巨大的不同**。例如當大腦最初在發展分化時，皮質上如果有一個區域比別的區域早一點成熟，這一丁點的優勢，就使得它比較有能力處理感覺管道（如視覺、聽覺）送進來的訊息。因為處理有了經驗，以後這類訊息就歸它處理，久了以後，自然而然就成為處理這類訊息的專家，這塊皮質就成為大腦專司這個功能的區域了。這是大腦區域功能化的由來。這個開始時的些微優勢，竟能造成最後皮質功能上的截然不同。

有人認為，有發展失常症的孩子，是在大腦發育的初期與正常人有一點點的不同，這些微的差異造成以後行為上的認知與落後。他們說胎兒發展初期的偏離正常軌道，就好像從山坡上往河谷滾一個球，一旦偏離軌道之後，所經過的每一個十字路口，都會造成這個孩子的路與別人的路更不相同，所以當他最後到達終點時，很可能和別人在外形上都不一樣了。

想不到在大腦的發展上，竟讓我看到成語所謂的「失之毫釐，差之千里」現象，誰說大腦不是一個縮小的大千世界？曾有兩個小學時坐在一起、功課不相上下的同班同學，就因聯考時相差一分，一個上榜繼續念書，一個落榜離家做學徒。四十年後，一個是旅美學人，回國講學；一個是裝潢師傅，耳朵因職業噪音而重聽了。這兩個在發展開始時是很像的，但是這小小的一分造成兩人一生的分水嶺，從此人生的境遇完全不同。

生物界更是充滿這些例子，我們與泥土中線蟲的 DNA 有七五%相似，很多人不能相信我們和線蟲竟然只有二五%的差異。假如你能瞭解開始時一點點差異可以造成截然不同的結果，就不會驚奇一腳可以踩死幾千百萬隻的線蟲，竟然是我們的遠房表親了。我們與黑猩猩只有一%的 DNA 不同，但是我們上了月球，牠們還住在樹上。

在科學的競爭上，如果錯過一個時機，對手之間的差異就會立刻拉大，因為**「前進」會開創新的契機，新契機會帶來新的決策，新的決策會進入新的道路、新的境界**。當別人都在前進時，原地踏步就是落後。自五四運動以來，我們就在追趕外國，追了幾十年，好不容易在生物科技方面有可能與世界各國並駕齊驅、一較長短，但預算的擱置，經費的刁難，可能使我們這個先機又失去了。這個看似一點點的延緩，在科學上會造成巨大的差異。當別人都在飛奔時，我們可以坐等三個月再起步追趕嗎？科學的成就是全民的驕傲，不可以用政治的恩怨來犧牲中華民族的光榮。

21 淨地不藏汙

心理學的研究上有個現象叫做「破窗效應」，就是說，一棟房子如果窗戶破了，沒有人修補，隔不久，其他的窗戶也會莫名其妙的被人打破；一面牆，如果出現一些塗鴉沒有清洗，很快的，牆上就布滿亂七八糟、不堪入目的東西。一個很乾淨的地方，人會不好意思丟垃圾；然而一旦地上有垃圾出現之後，人就會毫不猶疑的拋，絲毫不覺羞愧。這真是很奇怪的現象。心理學家研究的就是這個「引爆點」：地上究竟要有多髒，人們才會覺得反正這麼髒，再髒一點無所謂；情況究竟要壞到什麼程度，人們才會自暴自棄，讓它爛到底。

台北市在未推行垃圾不落地時，街口轉角若有一包垃圾在地上，不出兩個小時，那個地方就堆成垃圾山了。我每次看到這種情形，都想起古人說的：「勿以惡小而為之。」一點小壞事，覺得沒有什麼關係，一旦開始做了，卻會改變你的心態，使你以後敢作奸犯科。任何壞事，如果在開始時沒有阻攔，形成風氣，改也改不掉；就好像河堤，一個小缺口沒有及時修補，可以崩壩，造成千百萬倍的損失。犯罪其實就是失序的結果，紐約市在八〇年代的時候，真是無處不搶，無日不殺，大白天走在馬路上也會害怕。地鐵更不用說了，車廂髒亂，到處塗滿穢句，坐在地鐵裡，人人自危。我雖然沒有被搶過，但是有位教授被人在光天化日之下敲了一記悶棍，眼睛失明，從此結束他的研究生涯，使我多少年來談虎變色，不敢隻身到紐約開會。但是後來紐約的市容和市譽提昇不少，令我頗為吃驚，一個已經向下沉淪的城市，竟能起死回生，向上提昇。因此，當我出去開會，碰到一位犯罪學家時，立刻向他討教。

原來，紐約市用的就是過去書本上講的破窗效應理論，先改善犯罪的環境，使人們不易犯罪，再慢慢緝兇捕盜，回歸秩序。當時這個做法雖然被人罵為緩不濟急，「船都要沉了還在洗甲板」，但是紐約市還是從維護地鐵車廂乾淨著手，並將不買車票白搭車的人用手銬銬住，排成一列站在月台上，公開向民眾宣示政府整頓的決心，結果發現非常有效。警察發現人們果然比較不會在乾淨的場合犯罪，又發現抓逃票很有收穫，因為每七名逃票的人中就有一名是通緝犯，二十名中就有一名攜帶武器。因此警察願意很認真的抓逃票，這使得歹徒不敢逃票，出門不敢帶武器，以免得不償失、因小失大。

如此這般，紐約市就從最小、最容易的地方著手，打破了犯罪環節（chain），使這個惡性循環無法繼續下去。

我看到台北市開始在街頭巷尾種花，我覺得很高興。荷蘭就是這樣開始的，但願不久，台北的市容也能像歐洲一樣「春城無處不飛花」。

〈回響〉

……看到教授的「破窗效應」大作，現在就從「破窗效應」說起：民國三十四年，在下進入國立西北工學院就讀，那時高年級在陝西省漢中附近的城固縣的山後設校，一年級在城固縣附近二、三公里距離的一個叫作七星寺的地方。校區不太大，當時是泥土牆茅草屋頂，像台灣早期的兵營一樣，一排一排的房子，教室在前面位置，宿舍在後面。我們一年級學生在九月初的前二個月就到了，先住入宿舍，從高中生升成大學生，每天沒有事做只是閒逛，因為學生是陸續來的，伙食團還沒有開始運作，學生們就在校外的小吃店吃飯，但後來有人發現最後幾排的房子有些破爛，窗子上糊的紙也都破了（那時沒有玻璃，窗子上都是糊白棉紙），然後就有人把窗子拆下來，燒火煮東西吃。這個動作很快就蔓延開來，先拆窗子再拆門，接著窗框、門框都被拆下來作了煮飯的燃料，結果所有沒有人住的房子的門窗被拆得精光。到了開學的時候，大家同學坐在大禮堂裡，分院的主任站在台上，用手遙指後面那些沒有門窗的房子說：「各位同學，門窗何在？門窗何在？」可能是因為大多數的同學都是流亡學生，從淪陷區來的，在沒有開學之前，還領不到公費，每個人自己的一些些錢也都花光了，學校當局非常同情這些同學，所以也沒有處罰任何人，就不了了之。那天看了教授的「破窗效應」，馬上聯想到五十多年前的這段往事，完全印證了教授所說的心理學的現象……。

夏文華 敬上

22 握拳指責不如張手鼓掌

有陣子一直有自殺的新聞，有讀者投書說，太多的負面新聞使人早上不敢翻開報紙。這使我想到，正向心理學之父塞利格曼也曾認為，科學家花太多功夫在人的弱點與缺失上，太少注意人的長處和美德。他統計了一百多年來心理學期刊的論文題目，發現有關憂鬱、憤怒、焦慮這方面的研究是快樂和滿意的十四倍，研究生找論文題目都是集中在負面情緒上，很少有人研究如何使人更快樂。

其實快樂對人的身心健康福祉更高，不知為什麼人都集中心力在負面的事，不去發掘對自己有利的事。我剛回國時，曾經改過高考的卷子，當時有三個人出題，每個人改自己的題目，最後一個人把分數加起來。我發現無法加總成績，因為我給的是正分，而別人給的是負分；也就是說，我認為這個學生答對多少，應得多少分，而別人是認為還有多少沒答完全，應扣多少分。我因而發現東西方教育理念的不同：西方人認為學生上我的課，學了這麼多，所以每一分都是他「得來的」（earned），這是一個鼓勵的出發點；我們的看法是你應該答得圓滿，但是你沒有，少答一點扣一分，這是一個譴責的心態。因此，我們學生發考卷時都是垂頭喪氣，因為沒有達到老師的標準，有負師長的期待；而美國孩子拿到考卷通常是說我拿到（I got）了高分，歡天喜地。這真是東西方不同的處世態度，其實**正面的態度會使我們身心更健康、更能抗壓**。

別人對我們的關心和期許的重要性，可從下面這個實驗看出。研究者想知道高脂肪與心臟血管的關係，一組兔子給予高膽固醇的飼料，另一組給予正常的飼料。六個月之後，將兔子血管取出來看，發現有一些高膽固醇組的兔子血管並沒有異常。實驗者很驚訝，於是重做一次實驗；這次飼料染色，以免餵錯，想不到實驗結果仍然一樣。

實驗者百思不得其解，只好自己進駐實驗室實地觀察，他發現來幫助餵食的大學部女生，會把矮籠子裡的兔子抱出來玩（實驗室空間不夠，動物籠子常是層層相疊，一直架到天花板）。他靈機一動，把兔子分三組，一組餵予高膽固醇食物，但是一天三次撫摸牠五分鐘；第二組只餵高膽固醇食物，不撫摸；第三組為控制組。結果第一組的兔子雖然吃高膽固醇的食物，血管壁卻和控制組的一樣乾淨，沒有阻塞。想不到撫摸竟有促進健康的效果。

其實醫院保溫箱中的早產兒，在餵奶或換尿片時有被抱起來撫摸的，存活率比較高、比較茁壯。類似這樣的報告無數，基本上都是說一個生命活著，不只是吃而已，心靈的慰藉更為重要。我們是個很含蓄的民族，常害怕表露自己的情緒，而且事事求全，標準訂得很高，別人常達不到我們訂的標準。因此，在家庭中父母常要說教，在社會中長官常要訓話，痛苦指數不斷上升。

當我們張口要責備別人時，是否先想一下他已做了多少努力，為什麼不把指責的手指張開來，變成援助的手或鼓掌的手呢？我們應該多花點力氣注意別人的長處和美德，說不定這個社會會祥和些，大家的日子會好過些。

23 人苦於不自知

紐約有一棟摩天大樓的老闆，每個月都為昂貴的電梯修理費而苦惱。因為樓很高，電梯不是一叫就來，乘客往往等得不耐煩，一直連續的按鈕，所以電梯的鈕壞得很快。人們雖然看見電梯鈕已經亮了，還是要自己再按一下才安心，好像別人按的都不算，非得自己的「魔術指」按一下，電梯才會來。

這位老闆在電梯旁邊貼了很多的告示，請乘客不要一直按鈕，都沒有效。最後他貼出懸賞，如果有人可以使乘客改變一直按鈕的壞習慣，將給予厚獎。結果一名心理學家在電梯門上裝了一面很大的鏡子，輕易的解決這個問題。因為鏡子使乘客可以看見自己的猴急樣，因此一站到鏡子前面，立刻變得禮貌了，原先熙熙攘攘的人群，在鏡子面都變成紳士、淑女，很有耐心的等待電梯到來。這就是鏡子的妙用。

很多時候，**人並不是故意要做出某些惡行惡狀，只是不知道自己這樣做時是什麼德性，人苦於不自知而已**。

我一直很好奇，演化為什麼沒有使人的眼睛分開來長，一個看外面，一個看自己呢？人的這兩隻眼睛是專門看別人的，如果沒有鏡子，人無法知道自己長得什麼樣子。這個「我」（self referent）是很晚才發展出來的，嬰兒要到兩歲左右才會知道鏡中人是他自己。靈長類除了黑猩猩以外，其他猴子都不知道鏡中的動物是自己。實驗者把動物麻醉之後，在牠臉上塗紅點，醒來後再讓牠照鏡子，結果除了黑猩猩會去摸自己的臉外，其餘都不會，表示牠們不知道鏡中是自己。可見要有自知是需要很高的智慧的。

有一個實驗非常有趣，實驗者想知道寄生在別人窩裡的小鳥，如何知道自己是誰。例如椋鳥（cowbird）專門把蛋下在麻雀的窩裡，讓麻雀替牠孵蛋；但是椋鳥長大了並不會以為自己是麻雀，還是會找椋鳥交配。牠是怎麼知道自己與養父母不一樣的？康乃爾大學的實驗者把剛孵出的椋鳥放在實驗室隔離長大，不讓牠看見任何一隻鳥，然後把一些小鳥的羽毛染色，另一些則保留原來顏色，等小鳥長到兩個月大，再把兩隻成年的椋鳥放進實驗室，一隻是染了色的，一隻是沒染的。結果發現小鳥喜歡與自己一樣顏色的大鳥在一起。這表示牠會檢視自己，知道自己的特徵，在腦海中形成一個樣板模型（template），然後將其他的鳥與自己相比，產生我們看到的「物以類聚」現象。

這個實驗很重要，它第一次讓我們看到動物可以檢視自己，以知道自己是誰。演化雖然讓我們的眼睛只能看見別人的刺，看不見自己的樑木，但是人發明了鏡子來彌補這項不足。或許當公僕看到自己對待頭家的冷面孔時，服務的態度會好一點。

鏡子，是人類最重要的發明！您說是不是？

24
讓孩子動起來

有一成多的國中生體重過重，每五位小學一年級的新生中，就有一個人是近視眼，這表示在學齡前就已經用眼過度了。以我們兒童健康的情形來說，在一九六四年時，台灣十歲兒童的平均體重是二十三公斤，到一九九四年竟增加到三十五公斤，整整增加了一倍半。小小年紀就出現脂肪肝、血管硬化的現象，真叫人憂心。

這些毛病都不是先天基因上的原因，而是缺乏運動，這些孩子每週運動的時數竟都不足兩小時。我們國家國民體能不足的情況，已嚴重到成功嶺的新兵氣溫攝氏三十五度就不出操了。這個問題如果不重視，數年之後，台灣將無可用之兵，我們只能祈禱戰爭不要在太冷或太熱時發生。

其實體育是很重要的，歐洲各國都很注重體育，德國尤然。他們的學生放學後有各式各樣的球類練習，每個鄉鎮都有運動場，週末則是村與村的比賽。美國的運動風氣雖然沒有德國那麼盛，但是一週也至少有一天，父母作教練，帶小孩去打棒球或踢足球，社區中也有各種比賽。父母都看到運動的重要性，都知道打球是個團隊活動，它要求隊員的配合和默契，是練習孩子品德的好地方。最重要的是，運動教孩子「競爭」(compete)——但不是「征服」(conquer)——這個最基本的處世精神。

反觀我們的孩子，沒有綠地可以跑，沒有運動場可以打球，雖然每年溺水的人這麼多，我們的孩子還是沒有游泳池可以學游泳。事實上，我們從來就沒有重視過體育，從來不認為鍛鍊體魄有什麼重要，我敢說台灣沒有一個學生沒有體育課被借去做別的事的經驗。其實發展體育並不一定要有很多的經費，但是一定要有「心」。如果有心，即使沒有很多的錢，也可以做一些事。我曾在一個悶熱的下午，看到一個小男孩在捷運旁邊的綠地上追逐一隻小狗，孩子臉上的笑容是從心底漾上來的那種快樂，而他達到這個快樂的物質條件，其實只是很小的一塊綠地和一隻小狗而已。

現在我們青少年的憂鬱症越來越嚴重，動不動就自殺，如果能鼓勵他們運動，會是一個很好的預防方式。

習慣性的動作會抑制大腦掌管情緒的杏仁核活化，使負面情緒不產生，這是為什麼全心投入工作可以治療失戀，運動會使人放鬆。可惜的是，我們的傳統文化基本上是不贊成嬉戲的，我們要孩子讀書，最好醒著的時間統統用來讀書。我們只顧填塞他們知識，忘記了再多的知識，病在床上，也是枉然。

禮、樂、射、御、書、數，古代就知道身心平衡的重要性。與其防堵青少年飆車、上網咖，不如推廣體育。不但精力有正常的去處，減少社會成本，還可以讓孩子很早就學會運動精神，以公平競爭、但不破壞征服的態度處世。

25 把正在做的事變成喜歡做的事

因為工作的關係，必須接觸某個領域的新知識，我買了好幾本書來看，卻因這個領域的風格與我的性格不合而常半途而廢。有一本某大師所寫的書，我知道一定要看，卻看不下去。直到有一天，當我發現讀它和洗廁所，我竟然選擇後者時，我知道必須想辦法強迫自己吸收這方面的知識了。於是我推薦出版社拿版權，決定把這本書翻譯出來。

翻譯與閱讀不一樣，譯者必須細細揣摩作者意思，把它換成自己的話說出來。我希望透過翻譯能把這本書讀完。剛開始時，寫不了幾行字，我就必須站起來舒悶，心中很不耐煩：為什麼有人要短話長說，三句話可以解決的事用十句話來說它。但是漸漸的，我坐的時間越來越長，那種不耐煩不見了，最後，每天清晨五點便跳下床工作。因為我已經進入這個領域，領略到它的堂奧了。這使我想起拿到博士學位在找工作時，有一位教授對我說：「**人生往往不能隨心所欲的從事自己喜歡的工作，重要的是你能把正在從事的工作，變成你喜歡做的事。**」翻譯這本書讓我深深體會這句話的含義。

人生的事，不如意十之八九，「錢多事少離家近」不是每個大學生的夢想嗎？又有多少人真正做到了？很多時候心中因為不想做，那個工作就變成不可做。事成不成全在一念之間。美國大都會保險公司首席業務員的故事就是一個最好的例子。

打電話給陌生人是件很困難的事，尤其要向他推銷他可能不想買的東西，更是難上加難，常會被掛電話，這種「cold call」常令推銷員沮喪，做不下去。保險公司都必須訓練招考進來的業務員，但是不到半年，三分之二辭職了，白白浪費許多錢去做在職訓練。但是也有人留下來，做出百萬美元的業績。這些成功和失敗的例子差別在哪裡？

塞利格曼教授訪問了最成功的業務員，發現他的祕訣在「喜歡你所做的事」。原來這個人本是在屠宰場工作，四十五歲那年，屠宰廠關閉，他失業了。對一個沒有一技之長的中年失業漢子來說，有任何工作機會他都會很感激，全力以赴。他說被人掛個電話又算什麼？總比屠宰場的工作好，總比流落街頭餐風露宿好。每十個 cold call 中，可能會有一個人願意聽他把話講完；每十個家訪中，可能有一個人願意買他的保險。他把別人視為畏途的 cold call 當做敲門磚努力去敲，所以他成功了。

一個人若能找到他喜歡做的工作，把工作當做嗜好來做，他會是最快樂的人；如若不然，也可以退而求其次，改變心態找出工作的價值，進而喜歡你所做的事。一樣要走過一生，為何不想辦法使自己快樂的走過呢？

26 閒聊與梳理

《壹週刊》為已經紛亂的台灣社會製造更多火上加油的煽情事件。許多人對《壹週刊》的暢銷頗為不解，自從英國戴安娜王妃（Princess Diana）被狗仔隊追逐出車禍死後，大家對這些八卦報都是「過街老鼠人人喊打」，討厭得不得了。那麼，為什麼這種被人口誅筆伐的報章雜誌還會有人買呢？這裡面其實暗藏人性的玄機，因為八卦新聞除了滿足一般人對名人私生活的好奇心之外，它還提供許多閒聊的話題。

閒聊免不了說人長短、論人是非，的確令人深惡痛絕；但是幾千年來聖人、家訓的耳提面命，都禁止不了人們舌頭的撥弄是非。因為這個饒舌，其實是具有演化上生存的價值。**人的閒聊（gossip）等於是動物的梳理（grooming）行為，它是示好、結盟的意思**。靈長類的動物如黑猩猩、狒狒，每天要花五分之一的時間在相互梳理上。

也許有人會覺得很奇怪，覓食是動物生存的第一要事，為什麼牠們願意把寶貴的時間浪費在相互的梳理呢？

原來，動物界中，凡是牙不尖、爪不利、跑不快的動物，都必須靠群居以自保。群居最大的問題在溝通，如何使內部萬眾一心，對事情的看法一致，是最困難的事，梳理就是為了溝通這個目的演化出來的。同時，要享受梳理，身體必須放鬆；身體一放鬆，就不可能有戒備心。因此，被梳理的猴子必須完全相信對方，才敢讓牠把自己的毛掀起來捉蝨子。所以，梳理也變成親疏關係、關愛眼神的指標。

有一個研究結果很有趣，實驗者先把猴子緊急求救的聲音錄起來，等眾猴在梳理時，把藏在草叢裡的錄音機大聲的放出來。大多數猴子聽到了並不十分在意，只是隨便張望一下而已，但是在兩個小時之內曾被這隻猴子梳理過的猴子卻站了起來，朝聲音的方向跑去。這就表示梳理絕不只是衛生習慣而已，它是「我洗你的背，你洗我的背」的結盟關係。人類的串門子也是一樣，明明沒有什麼事，上門來隨便聊一聊——東家長，西家短，聯絡一下感情，下次有事時才好開口。

梳理另一個極重要的目的就是團結。每天見面的人，別人無法挑撥離間，因為讒言一對質就會被揭穿；但是，如果團體變太大，梳理不過來時，就會分裂。因為一旦無法每天溝通，讒言就會進來。讒言有個特性，你雖然不信，它還是會在你心中生根，而且不需要營養，自己可以長得很好。很快的，團體會出現不同的聲音；不同的聲音大了，就會分裂獨立出去。更有趣的是，分裂出去的子群會不認原來的母群，就像美國殖民地會和英國打戰一樣，珍・古德的黑猩猩就有把原來母群一個個殲滅的紀錄。

看到台灣的社會政治現象，以及八卦新聞的嗜血心態，實在很難想像我們已與黑猩猩分流了六百萬年之久。六百萬年的時光，使人類登上萬物之靈的寶座，但是為什麼，我們還是處處在牠們身上看到自己的影子呢？

27 有組織的知識才是活知識

我在念中學時，對孔子沒什麼好感，勉強背了一些《論語》來應付考試。但是後來我發現在教書時，竟然常引用到孔子的話，讓自己頗為吃驚。比如說，孔子說：「學而不思則罔，思而不學則殆。」我在教神經語言學時，問學生：「語言是活人講的話，如果講這個語言的人都死了，這個語言也就失傳了。那麼，我們怎麼能追溯語言的起源，畫出語言的族譜？」學生紛紛說因為有文字，可以比對語言中共用的字彙。我再問：「一個語言中的字彙有幾十萬個，不可能一一比對，那麼應該比對哪一些字呢？」這時，底下就安靜了。

其實，只要去想一下，混沌之初，人們所需要用的字一定是代表最基本的生活必需概念，如眼、耳、鼻、舌等人體的器官；豬、牛、羊等已經被人豢養的家畜；米、稻、麥等人類賴以維生的穀食；一、二、三等最基本的數字概念；父、母、兄、弟基本家庭的稱謂等等所謂的「核心字」（core words）。一個源自於同一母群的語言，必然有著相同的核心字，因為沒有必要重新創造已經有的名詞。所以比較這些核心字的異同，可以讓我們追尋到這些語言的源頭。從語言的起源又可以找出民族的起源，例如歐洲的吉卜賽人，從語言的對比上，發現他們原來是印度北方的民族。

其實，不必從不同語言的對比，從我們現在所說的國語中就可以看到這個核心字的現象。

我們現在說的國語多半是雙音節字，但是想一想，我們現有單音節字其實都是與基本生活溝通需求有關的，如前面所舉的那些例子。但是因為人的發聲器官所能發出的聲音種類有限，單音節不足以代表外界的東西和我們心中想要表達的概念，所以中文就用聲調的方式增加詞彙量，如媽、麻、馬、罵，同一個音便代表四個概念。但是即便如此，仍然不敷使用，所以雙音節字便開始出現。到現在，三音節字——如洗衣機——更是到處可見。所以在我們每天使用的語言上，便可以看到「核心字」的原則。

我們也可以從語言的變遷上感受到語言的生命力，因為它是活人所使用的溝通工具，反映出這個社會當時的生活形態，也就是所謂的文化。語言中包含豐富的歷史訊息，只看我們會不會動腦筋去挖寶而已。**這些知識其實都在我們生活的四周，只是平時沒有去想它，沒有把它與其他的學問連接在一起**。當知識各自為政時，你需要很多的力氣記住它，很多的空間儲存它；然而一旦它串聯起來，你只要捻個頭，整串便出來了。

一個有組織的知識才是活的知識，你才用得上它。或許我們應該減少一些上課的時數，多給孩子一些思考的時間。學而不思的學問是沒有用的學問，孔子還是對的。

第三篇

生命科學

1 大腦會因為使用而改變

朋友的孩子桀傲不馴，令她非常的頭痛。二〇二〇年暑假因為新冠肺炎疫情的關係，沒有夏令營可以參加，只好報名志工，又因報名得晚，被分配到老人院服務。為了將來大學甄試的加分，他勉為其難的去了。

有一天他來找我說：「老師，我很害怕，我怕我以後會跟這些老人一樣，屎尿一身。」我知道一個人在恐懼時，是最聽得進忠告的，我馬上把握這個機會告訴他：「不要怕，你若好好的讀書用腦，你就不會失智。」

我坐下來跟他說了兩個實驗，因為這個年齡的男生只有用證據說服他，他才會相信。

德國醫學院的學生，在準備醫師資格考試前，先進實驗室掃瞄他們的大腦，學校接著放一個月的溫書假，考完試，掃瞄他們的大腦；一個月後放榜時，再掃瞄他們的大腦，一共三次。結果發現，在猛K書的那一個月，他們大腦管記憶的區塊變大了，休息了一個月後，那個區域仍然比未K書前大，但沒有K書時那麼大，所以**讀書會改變大**

腦，增加大腦的本錢。

另外一個實驗是掃瞄在倫敦開了四十五年公共汽車和計程車司機的腦，結果發現，只有計程車司機管空間記憶的海馬迴後端變大了，公共汽車司機的沒有，因為公車路線不能隨便改變，而計程車必須因應乘客的目的地一直動腦尋找方位。

大腦會因為使用而改變，用得多的地方，神經元會變大，就好像年輕時儲蓄，年老時就有錢可以用，這個「認知儲蓄」可以幫助我們在年老時，有老本可以啃，所以若怕失智，現在多用頭腦就可安心。我沒想到他真的聽進去，朋友說他現在會自己拿書起來讀了。

要改變孩子的態度，必須從體驗做起，因為只有感動，才會有改變。

2 趁年輕培養大腦的可塑性

小時候父親常警告「少壯不努力，老大徒傷悲」，想不到現在真的在大腦中看到這句話了。

大腦在遠古演化時，文字還沒有出現，所以大腦中沒有處理文字的地方。當五千年前文字出現時，大腦已被視覺、聽覺等跟生存有關的功能占滿，沒有多餘的空間給文字。但是文字非常重要，它是心智的工具，增長我們的智慧，並突破時空的限制，使訊息能無遠弗屆的傳遞，它也是我們跟所有動物的最大差別，所以大腦一定得找出空間來處理它。不得已，只好把它將就放在辨識臉和物體的左枕顳葉區。因為文字是書面的語言，它必須跟說話有關的聽覺皮質和語言中心的布洛卡區很近才行，所以選在枕顳。沒想到當文字處理的能力逐漸強大後，它就把原來辨識面孔的功能趕到右腦去，乞丐趕廟公了。

法國的神經學家想確定文字有否鵲占鳩巢，他們就每兩個月掃瞄一次還未進小學的屆齡兒童。結果發現第一次掃瞄時，因為還不認得字，孩子的皮質對物體、面孔、房子都有反應，但對文字沒反應；開學兩個月後再掃瞄時，皮質對字母的反應就出現了，反應的地點竟然跟成人的一樣，在左腦的枕顳葉皮質（後來被稱為「字母盒」），臉孔的辨識功能則慢慢被換到右腦去。改換的程度跟孩子的閱讀能力成正比——閱讀能力越強，字母盒對文字的反應越強，越阻擋面孔的處理。

但是如果大腦已經成熟了，這現象還會發生嗎？研究者便找了一位從來沒有上過學的文盲，和一位本來識字但因中風無法閱讀的人，每兩個月掃瞄他們一次。結果發現他們雖然最後都學會了閱讀，但讀得很慢，很辛苦：前者有發展出字母區，但是他的字母區沒有影響面孔辨識，因為面孔辨識迴路已經根深蒂固，擠不掉了；後者沒有辦法再把皮質變回自動化的程度，因為神經的可塑性已經變弱了。

我們年輕時，大腦的可塑性強，能依環境把自己塑造到最佳狀態，但隨著年齡增長，可塑性的窗口逐漸關閉，這能力就慢慢消失了。所以**年輕時，的確要多努力，盡量擴大有用的大腦區域**，免得年老後，雖然還是可以學，但過程辛苦，只能徒傷悲了。

3 儲存腦本，永遠不會太遲

一個不愛運動，體育課補考的朋友，現在每天清晨五點就起來運動。她說她不怕死，怕的是中風，不生不死，拖累家人。她來信問，你們神經科學講的認知儲備有用嗎？以我的年齡，現在儲備還來得及嗎？

我想第一個問題的答案應該是肯定的：瑞典有個三十三對同卵雙胞胎一個有失智，另一個沒有的研究。當比較他們的教育程度時，在沒有失智的雙胞胎中，十二個人在過了國民義務教育後，就沒有再讀書，另外二十一個人有繼續上學；在患有失智的雙胞胎中，二十五個人在過了國民義務教育後就沒有再讀書，只有八個人有繼續上學。所以看起來，教育可以降低失智的風險。

這原因是讀書會改變大腦的結構。德國的研究發現準備醫師資格考的學生在K書期間，頂葉的神經細胞變大了，考完後雖不再變大，但保持原樣；英國的研究也發現每日必須不停動腦，決定乘客目的地方位的計程車司機，他們的海馬迴後端比同樣開四十五年的公共汽車司機大。有儲備之人，死後解剖時，他們的皮質比不讀書的人厚，每立方毫米的神經細胞比較多。**所以用腦，儲存腦本，以備以後不時之需是有效的**。

那麼過了七十歲，再來儲存來得及嗎？答案應該也是肯定的。讀書對腦有幫助，主要是心智活動會激發正腎上腺素的分泌，而正腎上腺素可以保護跟記憶有關的膽鹼細胞，若把受到類澱粉蛋白包圍的腦細胞浸泡在正腎上腺素中，受害的程度可以減輕。**它可以幫助大腦記憶的連接，是阿茲海默症的解毒劑**。

我們在面對心智挑戰時，大腦會釋放正腎上腺素。有個實驗是請學生在做核磁共振時算數學題目，同時掃瞄他們的大腦，結果發現腦幹藍斑核這個分泌正腎上腺素的地方就大量活化起來了。芝加哥研究團隊追蹤一百六十五名老人六年，平均去世年齡八十八歲，所作的結論是藍斑核內正腎上腺素神經元密度越高，越能減緩認知退化。德國柏林大學給七十到九十三歲的老人上六個月的電腦課，結果發現他們心智與記憶力都比未參加者好，而且效力能持續。

所以並非只有在年輕時受教育可以強化認知儲備，老年後繼續使用大腦也有這個功效。我回朋友信：繼續用腦，永不太遲！

4 記憶是重新建構的歷程

一個朋友感慨地說，她活到現在七十歲，還會作考試的惡夢，每次都是夢到走進教室，突然發現老師在發考卷，她腦筋一片空白，嚇得兩腿發抖就醒來了，然後一整天心情都不好。我沒想到她都畢業五十年了，還會作這種夢，台灣考試的壓力也太大了。難怪不管功課好不好，每個人都害怕考試。

但是有研究卻發現，考試其實是增進學習成效最好的方法：加州大學的研究者給一百二十名大學生看兩篇文章，第一篇讀兩次，每次七分鐘；第二篇只讀一次，也是七分鐘，但是接下來的七分鐘要默寫這篇文章（這種實驗設計叫「受試者內設計」，即每個人都讀同樣的兩篇文章，除去記憶強度的個別差異）。然後把學生分成三組，一組在念完五分鐘後考，一組在兩天後考，第三組在一星期後考。結果發現剛念完就考時，讀兩次文章的回憶最好，正確率達八一%，而讀一次，回憶一次的只有七五%；但是兩天以後再考時，讀兩次的回憶率就掉到五四%，而讀一次的還有六八%；等到一星期後再考時，讀兩次文章的只剩四二%，而讀一次的還有五六%。讀書若是只用眼讀，並沒有用，要用腦去想才行。

我們閱讀時，常常順著文字很流暢的讀下去，大腦沒花什麼力氣去處理，記憶就比較淺。但是要回憶，大腦就得花力氣去思索了，這個努力加深了神經迴路的強度，成績就好了，難怪孔子會說「學而不思則罔」。

記憶是個重新建構的歷程，每次提取，每次改變。**當成功提取一個記憶出來時，它會以不同的方式重新儲存起來，而且不只是儲存的層次提昇了，連記憶本身也會有不同的新連接**。這是為什麼小孩子會要求父母重複讀同一本書給他聽，因為每一次聽，每一次他大腦會因白天新經驗所形成的新架構，重新來組織並儲存這個記憶。我剛去美國留學時，常常念完書就忘記它在講什麼，所以後來學會讀一章，合上書，把大綱寫下來，再核對書看有無錯誤。這樣做雖然慢，但是有讀進去，最後反而節省時間。

其實只要去掉分數的壓力，測試的確是一個逼大腦作深度處理，最有效的讀書法。不知道如果把考試改名為「提取練習」，可不可以減少過去惡名帶來的夢魘？

5 影響學習效果的神經機制

「人類如何學習」一直是認知神經科學探討的主題，因為學習是所有行為之本，連最低等的動物都會趨吉避兇。例如實驗者在A處電擊果蠅，下次即使A處有食物，果蠅也會避開它；若把電擊和它最喜歡的味道配對，下次牠一聞到這個味道就會逃避，喜歡的立刻變為厭惡。

記憶是學習的基本，沒有記憶就沒有學習。記憶就是用昨天的經驗來預測今天的行為，幫助明天的存活。所以談學習一定會談到記憶，記憶的能力就是智力測驗所測的基本能力，難怪坊間有關學習的書都在講記憶。

很多孩子恐懼學習、害怕考試，這不是他們智力不足，而是他們學習的方法不對。俗語說「做工不由東，累死也無功」，沒有依照大腦記憶的本質去讀書，即使三更燈火五更雞，考試的成績也不理想。從工業革命開始設立學校至今已經二百年多了，但是學校教學的方式一直沒有改變，老師還是用同樣的方式把書本上的知識塞進孩子的大腦裡，沒有人去探討一下這種教學方式是否符合大腦的運作、孩子是否能有效的吸收。

過去我們鼓勵孩子「只問耕耘不問收穫」，其實這句話有商榷的餘地，因為不問收穫，我們就不知道耕耘是否有效，就不會改變耕耘的方式。杜威（John Dewey）曾說過「用昨天的方法，來教今天的孩子，會耽誤他明天的前途」，但是要人們改變是很難的，王陽明說「破山中賊易，破心中賊難」，就連腦造影的科學研究都指出，睡眠不足會使孩子出現過動、注意力缺失的行為，影響學習的效果，台灣的家長還是不能接受晚一點上學的提案，理由是家長上班時間若跟學校上課時間不能配合，孩子會無人接送。其實教育的宗旨是學習，是孩子去上學的主要目的，主旨應該優先，方法可以商量，而不是為了方便犧牲學習。

人的大腦喜歡新奇的東西，尤其會動、從來沒有見過，卻快速對你跑過來的東西，你的注意力立刻鎖住那個東西，全身馬上進入緊急應變狀態——瞳孔放大，心跳加快，手心出冷汗，剛剛肚子餓或口渴的感覺被拋到九霄雲外。這是「戰或逃」正腎上腺素大量湧出的關係。實驗發現請受試者在核磁共振中解數學題時，他大腦腦幹中的藍斑核會活化起來，大量分泌跟注意力和記憶有關的正腎上腺素，因此**教學一定要保持學生的新奇感，才可以抓住他的注意力，使訊息穿過注意力這個瓶頸進入短期記憶中**，如果登錄這一關沒有通過，訊息流失了，後面就不必談了。

那麼，為什麼以前那種反覆的複誦不好呢？這是因為大腦對重複出現的東西會失去新奇感，沒有了新奇感，就沒有了注意力，正腎上腺素就不會出來，「去敏感化」（disensitization）後對刺激就不反應了，所以一直背同一個生字，幾次以後，這個字已經去敏感化了，有念等於沒念。但是背一下，隔一陣子再去背它時，大腦得重新提取這條神經迴路出來使用，每一次提取，每一次增加它提取的線索，線索越多，越不容易忘記。好似把一個寶物用一條繩子捆十遍或用十條繩綑一遍垂入古井。前者雖然綑了十遍，卻只有一條提取線索，繩子一斷，寶物便永沉古井無法提取了；但是如果用了十條不同的繩子去綑它，那麼即使一條斷了，還有九條可以提取出來。

讀書也是，讀一讀，把書合起來，想一下剛剛讀的是什麼，或是拿張紙出來，寫下剛剛讀的大綱，這種效果最好，這就是「間隔效應」（spacing effect）。過去我有一整年的時光都在做這個實驗，我的指導教授要我把各種參數全部操弄完，才讓我寫論文，所以我很早就知道間隔效應對學習的幫助。**一旦瞭解了學習背後的神經機制，學習自然事半功倍，即使考試也不害怕了**。

在資訊爆炸、時間有限的現代，掌握正確的學習法是生存競爭的第一要件。

6 離譜的右腦革命

人的大腦有兩個腦半球，雖然各有所司，卻是相輔相成。正常的人左右腦半球是聯結在一起，「焦不離孟，孟不離焦」的，只有極少數的病患左右腦中間的聯結被剪開。這些「裂腦」（split brain）病患的研究，讓我們瞭解兩個腦半球在沒有另一半抑制時的特殊功能，但是這並不代表我們可以把兩個腦半球單獨分離出來訓練。

單獨訓練半邊腦？

日本《右腦革命》一書的作者七田真曾來台灣舉行記者會，宣稱「右腦是啟發幼兒潛能之鑰」，說右腦是想像腦、感性腦，有如錄影機一般可以快速的記錄知識，並具有「心想事成」的奇妙力量，要家長與教育者趕快去開發右腦。其實這是一點證據都沒有的事情，人的兩個腦半球是聯結在一起的，神經訊息通過聯結兩腦半球的神經纖維束胼胝體（corpus callosum）只要一毫秒，怎麼可能單獨訓練右腦而使訊息不透過胼胝體傳到左腦？

這個謬誤，始於日本人誤解了美國加州理工學院的羅傑·史培利（Roger Sperry）博士所做的裂腦病患的實驗（史培利教授因為在腦神經發展方面的研究，於一九八一年拿到諾貝爾醫學獎，他也是裂腦病人研究的開創者）。

在臨床上，醫師不會隨便剪開病患的胼胝體使兩個腦半球獨立出來，但是對於一個癲癇的病患來說，如果他病變放電部位是在左腦的語言區，或是掌管記憶、情緒等重要功能的部位，在藥物無法控制腦的異常放電而又無法開刀切除異常放電的腦部位時，最好的方法就是把聯結兩個腦中間的胼胝體切斷，使一邊的異常放電不會傳遞到另一邊，免得阻礙病患的日常生活。因此，裂腦的病患非常稀少，除非不得已，醫師是不會隨便把一個人的左、右腦切開，獨立分離出來。也因為如此，史培利的實驗特別有意義，他們提供了研究者一個絕佳的機會，觀察兩個腦半球各自獨立、不相互牽制時的運作情形。但是一般人的大腦兩個腦半球是連在一起的，既相互交流，也相互抑制、相互牽制的，絕對不可能做到訓練右腦而不同時激發左腦，我們只能說，當某些作業是右腦擅長的時候，右腦的激發程度會比較高而已。

史培利的實驗是用速示器（tachistoscope）作的，這個儀器可以快速的呈現刺激，時間可以短到千分之幾秒（毫秒），因此，當病人的眼睛凝視速示器螢幕中央時，利用這種快速呈現的方式將刺激字很快的打在病人的左視野（visual field）或右視野。只要呈現時間不超過一五〇毫秒，我們就可以確定刺激字只傳到一邊的腦，另一邊沒有看到，但是因為眼球的移動大約需要二百毫秒的時間才能執行，因此當眼球轉過去注視這個刺激字時，字已消失，所以不會因為中央小窩（fovea）的關係，而使這個影像落入兩個腦半球的視覺區，但是這個字仍然可以經由周邊視覺（peripheral vision）看到。這一點很重要，因為人是演化而來的動物，只要視野上有東西出現，我們一定會轉動眼睛，使影像落在中央小窩以看得最清楚。許多實驗不成功，是因為刺激的呈現時間超過眼球轉動的時間，使兩個腦半球都看到訊息。

日本錯，我們跟著錯

我們的視神經在視束交叉（chiasma）的地方相交，使右視野看到的東西傳送到左腦的視覺皮質區，而左視野看到的東西傳送到右腦的視覺皮質區，這個左右視野並非左右眼，而是左、右眼視野的左半和右半。這點就是日本人搞錯的地方，以為刺激投射到左眼就傳達到右腦，投射到右眼就傳達到左腦。許多年前，我第一次回台灣時在研討會上也聽到國內的學者如此報告過，因為當時國內很多資訊還是仰賴日本，日本錯，我們就跟著錯了。史培利發現，在這種完全分離、完全不受另一腦半球牽制的情況下，兩個腦半球各有所司，各有專精，左腦有語言（請注意，右腦也有語言，只是右腦不能說話（speech），是個沉默之腦而已），擅長分析、判斷，而右腦擅長圖形辨識、空間知覺、音樂等等。

因為**左右腦是相連接的，訊息通過胼胝體只有一或二毫秒的時間，平常左、右腦半球的訊息快速熱烈的交換著，腦的成長是同步並進的，不可能只開發某個半腦**。絕對不是如七田真所說的「到三歲時才由右腦架起一座橋到左腦，右腦要透過腦樑完成驅動左腦的準備，左腦才開始接受知性的傳輸」，這完全沒有任何一絲一毫的科學根據。現在因為科技的發達，功能性核磁共振的儀器可以讓我們在「線上」即時看到人們大腦在解決問題時各部位活化的情形，國內外所有的核磁共振腦功能影像圖或誘發電位腦波（evoked potential）資料，都沒有任何一個實驗指出小孩子的腦是右腦先啟動，三歲後才由右腦驅動左腦，更沒有任何證據說右腦可以單獨訓練，如果讓孩子用了左腦就揠苗助長。這真是太離譜了。

心像（image）是記憶術的一種，心理學上研究的很多，有一些人，例如愛因斯坦（Albert Einstein），習慣用影像的方式思考，愛因斯坦就曾說他想像他自己站在光束

（light beam）上向前飛去。但是這是個別差異，有人語言能力強，有人空間能力強，這種能力也有遺傳、性別上的關係。並沒有任何一點的證據說，用圖像思考的人就一定比用語言邏輯思考的人更聰明、成就更大，更沒有任何一點證據說出生時只有右腦能夠發揮功能，一直要到三歲才透過腦樑啟動左腦。這種說法真是令稍微有一點知識的人感到匪夷所思，也顯露出我國科學教育的失敗。

我們的教育沒有把最基本的常識教給孩子，所以我們常常看到有人一個月吃三斤減肥茶，吃到肺功能喪失要換肺，或吞蛇膽吞到腎衰竭死亡，或是花一百萬元減肥瘦身，花三萬元補習潛能開發等等。現在我國已從代工、加工的社會轉型到科技的社會，國民的智慧與創造力就是國家最大的資源，假如我們所教育出來的國民是只有專業知識而沒有普通常識的話，我們的前途堪憂。

7 睡好覺，補好料

相信很多人都有這樣的經驗：桌上的作業堆積如山、做不完，可是眼皮卻越來越重，一不留神，頭歪在作業堆裡就睡著了，手上的筆都還握得緊緊的呢。人為什麼要睡覺？一天二十四小時都還不夠我們使用，還得挪出八個小時睡覺，豈不是浪費生命嗎？我以前一直很好奇，人不睡覺會不會死？睡覺有什麼好處？人為什麼要睡覺？

從生物演化的觀點來看，睡覺其實是很危險的。睡覺的時候，所有的防衛系統都放鬆了，常予敵人可乘之機。在自然界裡，我們看到許多群居的動物睡覺的時候是輪流放哨、當警衛的。在食物鏈下端的小動物要睡覺時，一定回到安全的巢穴中才敢放心睡，只有在食物鏈上端的老虎、獅子敢在太陽下仰天而睡，把身體最沒有保護的腹部顯露出來。有人認為人的睡覺是個演化而來的習慣，因為人沒有演化出像蝙蝠一樣的睡覺方式，也沒有演化出像貓頭鷹一樣的夜間視覺，所以天一黑最好就像食物鏈下端的動物一樣，躲在洞穴裡，明哲保身。同時人睡覺的夜晚也是一天中氣溫最低的時候，人睡著了，身體的新陳代率會降低，可以節省一些能源。

動物冬眠也是為了同樣的目的，人雖然不冬眠，但是科學家從冬眠的動物中發現的一些知識，對人可能也會有幫助。科學家發現，冬眠的動物血液中有一種特別的蛋白質（或激素），把這種激素注射入會冬眠的動物身體中時，牠們夏天也可以冬眠。因為冬眠時體溫會下降，新陳代謝減緩，在醫學上的用處就很大了。器官移植時，浸過這種冬眠激素的器官可以保存得久一點，比如說腎臟本來只有二十四小時的貯存時間，若沒有移植就不能用了，現在可以延長到好幾天；心和肺本來只有四小時的貯存時間，現在可以延長到三十個小時。這是研究睡眠機制的一個新發現。

再回到原來的問題，人為什麼要睡覺？不睡覺會死嗎？科學家發現不睡覺的確會致死。他們以老鼠做實驗，老鼠可以盡量的吃喝，但是不可以睡覺，一睡覺，籠子底盤就會轉動，把牠驚醒。這樣過了三個星期以後發現，雖然老鼠不停的吃，牠的體重卻急劇下降，身體失去平衡，四個星期時，皮膚潰爛，免疫系統功能衰退，三十三天以後死亡。所以睡眠是必需的。那麼睡眠有什麼好處呢？**我們身體有很多激素是在睡眠的時候分泌或得到補充**，如生長激素就是在睡眠時由腦下垂體分泌的，所以台語有句諺語「一暝大一寸」，想要長高的話，晚上睡得夠是很要緊的！

睡眠另一個很重要的功用是，**它讓身體各部門得到應有的補給**，好像超級市場晚上關門以後開始盤點貨物，將缺貨的物品上架，以便明天一早開市好做買賣。就這一點來說，睡眠和記憶的神經傳導物質，在愛睡時是很低的，需要在睡眠時得到補充，清醒時才好記住事情。所以我們在打瞌睡時念的書都記不得，作的夢早上起來也都不記得，但是在作夢的當時把你搖醒，你是可以講得出來的。知道記憶的一些生理機制以後，我們應該可以妥善的安排一下讀書的時間，與其「頭懸樑，錐刺股」，勉強自己在很愛睡的時候讀書，還不如小睡個十五分鐘，補充一下神經傳導物質，醒來後念的書事半功倍，效果更好！

睡眠是上天賜給我們的一個不花錢的享受，不能睡覺的痛苦除了「病」以外還沒有什麼趕得上的。考完試回家大睡一覺的美妙感覺，相信各位都還記得。我有一位同學在美國攻讀博士學位的時候，因為書實在念不完，就決定穿大衣到外面雪地裡讀書，希望外面寒冷的空氣可以使她保持清醒。結果她穿著大衣，抱著書，在雪地裡睡了兩個小時，一直到警察把她搖醒。睡神來時真是擋都擋不住，但是她告訴我，這是她睡得最甜美的兩個小時！

8 記憶不是錄影機

俗語說「眼見為真」，大多數人都相信自己的眼睛，且都相信自己親眼所見；但是一百多年前，德國的生理學家韓姆霍茲（Hermann von Helmholtz）就提出「潛意識的推論」（unconscious inference），說明**我們的視知覺（perception）其實是透過我們過去的經驗對現在的現象作解釋**。知覺其實是個解釋的過程，很多錯覺（illusion）就是這樣產生的。

例如圖例「主觀的輪廓」（subjective contour）中，我們會覺得黑色的三角形比背景的黑更黑。其實這個三角形是不存在的，它是一個錯覺，但是因為我們的視覺組織規

則中，有連續性的原則（law of good continuation），有封密的原則（law of closure），因此我們看起來好像有一個黑色的三角形在最前面。因為它在最前面，離我們最近，所以我們認為它應該是最清楚的（至少要比背景清楚）。所以雖然它和背景是一樣程度的黑（投射到我們視網膜上的刺激強度是一樣的），但是我們的潛

意識推論它既然在背景的前面，離我們近些，應該要黑一些。透過認知的解釋後，這個錯覺就產生了。

眼見不為真

近年來因為認知心理學的努力，人們慢慢可以接受「眼見不為真」這個正確的觀念，同意我們看到的其實是內在認知結構對外界刺激的解釋。大多數的時候，認知系統正確解釋出外界的刺激，但是偶爾它會帶給我們錯覺，讓我們上當。魔術師玩的把戲，很多都是利用我們的錯覺或幻覺。

對於知覺，很多人可以接受韓姆霍茲的潛意識推論假說，但是對於自己親身經歷所產生的記憶，我們卻是深信不疑。大多數人認為記憶像部錄影機，忠實記錄下所發生的事情。這也是為什麼法庭對證人證詞採信的程度非常高。如果說記憶是個重新建構的歷程，它混合了事實與虛象，受到我們原有的背景知識的影響，我們記憶的正確性是很脆弱的，我們可以塑造出一個回憶，使受試者回憶出一個他從來不曾經歷過的記憶，這種說法你一定不會相信，認為是無稽之談。

事實上，心理學界也花了很多年的努力，才改變大家對記憶的看法。其中貢獻最大的是認知心理學家羅芙特斯博士（Elizabeth Loftus）。她在這方面最大的貢獻是改變了傳統對記憶的看法，**使記憶從一部被動的錄影機，改變為一個動態的重新建構歷程**。她的研究更直接對佛洛伊德（Sigmund Freud）學說的核心——被壓抑的記憶——提出挑戰。因為她的研究使得一些冤獄得以平反，並遏止了社會上瀰漫的性騷擾濫訟的歪風。下面就這方面的幾個重要實驗加以介紹。

羅芙特斯早期的實驗指出，**記憶可以受後來環境因素的影響而產生扭曲的改變**（Loftus, 1979, 1980）。她的實驗證明，記憶是一個不穩定、不停的因後來加入的因素重新建構的東西。在她的實驗中，她先給受試者看一段車禍的影片，兩部車在十字路口相撞。看完以後，她將受試者隨機分成四組，問第一組：「剛剛影片中，兩車衝撞（crash）時的速度是多少？」第二組的問題是：「兩車碰撞（hit）時的速度是多少？」第三組則是：「剛剛影片中，兩車擦撞（scratch）時的速度是多少？」控制組則是直接問：「請估計剛剛影片中兩車的速度是多少？」實驗結果發現，受試者受到問句提示字的影響，第一組的人估計的速度最快。而且在問到現場地上有無碎玻璃（其實是沒有的）時，第一組的人都答有，因為受試者認為既然是 crash，速度一定很快，而很快的衝撞，玻璃一定會破，因此地上「應該」有碎玻璃。

羅芙特斯的實驗公布後，震驚了很多人，因為當時認為人們對圖形的記憶是遠勝過文字的，所謂「一圖勝千言」（A picture is worthy a thousand words.），當時曾有一個實驗報告說，受試者在看完六千張圖片後，還能正確的辨認出這張圖以前曾不曾經出現過（正確率為九〇％）。人們不太相信圖片的記憶可以被更改。因此，許多不同的實驗室立刻重複再作一次羅芙特斯的實驗，結果也得到同樣的結果，實驗者可以在看過圖片後，透過提示的操弄使光滑的下巴變成大鬍子，鎚子變成螺絲起子，頭髮顏色黃變黑，甚至有沒有拿槍、開的是什麼車都可以事後加以操弄，而使受試者「回憶」出來。

鮮明度不等於正確度

這個發現使人對所謂「鮮明的記憶」（vivid memory）究竟有多可靠產生懷疑。有一個實驗（Neisser & Harsch, 1992）就訪談受試者，請他們說出美國太空梭「挑戰者號」（Challenger）升空爆炸時他在哪裡及當時的反應。結果發現，很多人的鮮明回憶其實是不正確的，同一事件學期開始時的回憶與期末時的回憶出入很大。

最離譜的是，波士頓職棒球隊紅襪隊（Red Sox）與加州的天使隊（Angles）比賽時，天使隊的投手投出一個快速球擊中紅襪隊外野手的左頰，外野手應聲倒下，終身殘廢從此不能打球。這麼嚴重後果的親身經歷，我們認為應該是非常的正確了，想不到也不是。據投手回憶，這場比賽悲劇發生在第六局，比數是二比一，打擊者為第八棒，時間是下午，因為他說「later that afternoon」，他去醫院看這位受傷的球員。經過求證後發現不是第六局而是第四局，比數是零比零，球員為第六棒，比賽時間為晚上，他也沒有立即去探望那個球員，是他太太把他從酒吧間找回來，押著他去的。所以鮮明度並不等於正確度。

像這種例子一多了，就使人懷疑當時在社會上流行的回復的記憶（recovered memory）究竟有多真確。根據佛洛伊德的心理分析說法，一個恐怖的經驗會被深埋到心底，藏到潛意識（unconscious）的最深處，只有在與這個事件有關的一道光、一個聲音、一種味道出現時，才會靈光一現的閃過心頭，這種靈光一現叫做 flashback。當時有一本書叫做《痊癒的勇氣》（*The Courage to Heal*），裡面舉出一些問卷，例如你是否有一段童年的生活，完全無法回憶？你是否有一種某件事曾經發生過的感覺，而你無法知道是什麼事？你是否恐懼憤怒或對恐懼憤怒過分反應？你是否有酗酒、毒品、暴飲暴食的問題？你是否有偏頭痛、背痛？這本書說假如你有上述這些症狀，你可能是性迫害、性侵犯的受害者，是亂倫的倖存者。一時間，無數婦女在經過心理治療後都「勇敢」的站出來，控告父母、祖父母在她們襁褓期強暴了她們。

美國的受虐兒童事件從一九八二年的一千一百件（其中經過警方調查後有一百八十件被提起公訴，十一件上了法庭，五件被定罪）到一九八六年時的十三萬二千件，四年間增加十倍。很多州甚至通過法律，不管這個性侵犯的事發生在多早以前，只要證人在喚回記憶後三年之內，都可以對加害人提起訴訟。一時間，人人自危。這個追溯時效從原來法律所保護的二十年或二十五年的追溯時效消滅，延長到記憶的回復後再加三年，任何人隨時都有被告的危險，像一個不定時炸彈，不知什麼時候會禍從天降，弄得許多人身敗名裂、家破人亡。假如他們說他們不曾做過這種傷天害理的事，治療師就說你不記得是因為你把記憶壓抑下去了。因此不論被告如何辯白都沒有用，因為說有當然是被判罪，說沒有這回事仍然被定罪，因為你的沒有並不是沒有而是被壓抑到潛意識裡去了，所以是你不自知，你還是有的。

其中最著名的例子就是一九八九年，喬治．法蘭克林的女兒控訴他在二十年前謀殺了她的玩伴。愛琳．法蘭克林向警方說，有一天下午她和她的女兒在客廳玩，陽光照在她金髮女兒的頭上時，使她突然想起她父親舉著大石頭正要往下砸時，她的玩伴蘇珊的金髮也是同樣的閃亮。愛琳的證詞使得她父親在監牢中關了六年，雖然喬治極口否認，而且被告律師指出愛琳的回憶前後有矛盾、不一致的地方，對事件發生的經過說得不清楚。她的記憶與當時報紙的報導很相似，記者報導錯的地方，她也回憶錯誤。但是法庭還是採信愛琳的證詞，將喬治送進加州的監獄。這個案子一直到一九九七年因DNA化驗的結果使得喬治重見天日。同年三月十六日，德州最高法院也以八比一的決定不受理一名三十五歲的婦女控告她父親在她六個月大時強姦她。理由是除了她被壓抑的記憶外，沒有任何其他的證據。這種案子當時在美國非常多。

種植假記憶實驗

許多人向學界求救，看學界有無有關被壓抑的記憶真假的研究，可以幫助法庭。要在實驗室中模擬出創傷的經驗而且要操弄，要導出假記憶來，真是不容易。這個創傷的經驗一定要逼真，才不會被人說創傷的程度不一樣所以兩種回憶無法相比。若要逼真到真的去搶劫、強暴等，則不能通過「人類實驗受試者審核委員會」（Human Subject Commitee, HSC）的嚴謹審查，因此最後羅芙特斯發展出種植一個假記憶實驗（inplant a false memory）的方法，我覺得是非常有創意的。

她先請修認知心理學的學生寫下他們記憶中童年創傷的事件。發現「走失」是一個相當普遍的現象。而操弄這個現象可以通過HSC的審查，所以她就決定用「在鬧市中走失」這個事件做為種植一個假記憶的種子（memory inplants）。她請家中有年幼弟妹的同學回去拿張紙，請弟妹寫下他們小時候所發生過的幾件重要經驗，挑選其中不曾有過走失經驗的人，在得到父母的同意後，由兄姊對他們說：「你還記得你五歲的時候，××年耶誕節前，曾經在百貨公司或量販店走失的事嗎？我跟媽要去替叔叔買領帶，我們一轉頭你就不見了，我們急死了，到處找你，後來看到一個老人牽著你的手正向門外走去，我們找到你好高興。」這些兄姊要求受試者（即他們的弟妹）寫下五件難忘的事件（其中四件為真正發生過的，一件為新近種植下的），請他們在以後的五天中，每天臨睡前努力想一下這些事件的詳細發生過程並記錄下來，若是想不出更多的詳情，就寫下「我記不起更多的事情」。

五天後，受試者與父母親兄姊一起到羅芙特斯的實驗室檢驗回憶的結果。羅芙特斯清楚的看到這個假記憶的種子在受試者心中開花結果。他們不但回憶出最多假的細節，而且加油添醋，說得活龍活現。例如第一天寫著：「我記得當我發現拉著褲腳的那個人竟然不是媽媽，只是穿著同樣顏色的褲子的人時，我嚇死了。我告訴自己說：你完了，你永遠見不到你的家人了！」第二天寫著：「我記得那個老人的手很溫暖，他一直安慰我不要哭，一定會幫我找到家人的。」第三天寫道：「我記得那個老人戴著眼鏡，頭髮花白。」第四天寫道：「媽看到我時，一把把我抱住，很生氣，厲聲的對我說：『永遠不許再這樣害我緊張得半死！』」等等。

受試者回憶得合情合理，但都是假的。羅芙特斯針對不同年齡層的受試者重複的做這個實驗，發現只要種這個假記憶種子的人是個有權威、受試者信任的人，這個種植就會成功。最值得注意的是，當對受試者解釋這是一個實驗，這個走失的情節是虛構的時，受試者都不能接受，堅持自己的記憶不會有錯，有的甚至勃然大怒：「我對發生在自己身上的事情難道還會記得比你假嗎？我告訴你這是真的就是真的！」

在此同時，有一個父親被他的女兒指控為撒旦教的祭司，強姦女兒逼使她懷孕後再殺嬰來祭祀撒旦。雖然警方在她家後院挖了半天並沒有挖到嬰兒的屍骨，但是在當時壓抑記憶盛行的大環境下，他還是被起訴了。檢察官找了加州大學柏克萊分校的一位社會學教授（Ofsher, 1992）做為檢方的證人。基於好奇心，這位教授捏造了一個故事，故意對被告說：「你的女兒說你曾經強迫她在客廳和她的哥哥性交，而你在旁邊觀看。」這位父親一開始時矢口否認說沒有這種事，但是在這位教授的堅持下，他開始「回憶」出許多細節，一件假的（因為是這位教授捏造的）事情，在經過反覆的審訊後變成真的記憶了，令這位教授大大的吃了一驚，也讓他看到記憶的不穩定性。這個小小的實驗，使他從檢方證人轉為被告證人了。

東海大學曾發生強暴案，其間第一次的筆錄及證物遺失，後來再重新做筆錄，在心理學上對這樣再次建構的準確性就很有商榷的餘地。同時對於證人指認兇嫌的準確性，心理學上也認為很不可靠。有一些研究顯示，面孔的辨識與辨識日常生活上的物品或圖形是非常不一樣的。在臨床上，有一種病症叫面孔失認症（prosopagnosia），若是在腦頂葉後區某一個地方受傷的話，病人認不出他自己配偶子女等最親近人的面孔，只能從聲音、髮型和衣飾做辨識。這表示辨識臉是另外有不同的大腦機制在處理的。人非常容易受到髮型、眼鏡、鬍子等添加物的影響，曾經有研究指出，臉的上半部所攜帶的訊息量比下半部多，受試者對加了眼鏡的偽裝比加了鬍子的辨識力低，見表一。

事實上，我們只要從警察局備有各種五官形狀以幫助受害者描述暴徒的臉型的器具（kit），就知道描述一個人的五官有多困難了。

亞克士－達森法則

在心理學上，我們知道記憶和緊張或腦部活化程度成一個倒寫著U型的關係，這叫做亞克士—達森法則（Yerkes-Dodson law）。太過緊張時，記憶的表現會下降，通常在兇殺案或強暴案中，受害人往往太緊張，無法真確的記下兇手的面孔。同時，我們可以知道二度空間的相片和三度空間的真人在辨識上是有差別的，在嫌疑犯指認的過程中，安

表一　臉部特徵在辨識面孔時所占的比例

特 徵	有照片	無照片
頭 髮	0.24	0.27
眼 睛	0.13	0.14
鼻 子	0.12	0.14
臉 形	0.09	0.13
眉 毛	0.09	0.08
下 巴	0.07	0.07
嘴 唇	0.06	0.06
口 形	0.04	0.03
皮 膚	0.04	0.02
臉 頰	0.01	0.01
前 額	0.02	0.01
其 他	0.02	0.04

*左欄為臉部特徵，中間是有呈現照片的時候（face present），右欄為沒有照片的情況（face absent），當沒有呈現照片時，描述需由記憶中提取。

資料來源：Figures for “face present” are from Shepherd, Ellis, and Davis, 1977. Figures for “face absent” are from Ellis, Shepherd, and Davis, 1980.

排證人指認的技巧也非常重要。表二為緊張程度與真人或相片指認及嫌犯有無出現在指認的行列中的交互關係。在高緊張程度時，受試者沒有辨識出站在行列中的嫌犯本人高達五八％；相對的，在低緊張程度的情況下，正確的指認出嫌犯本人可以達到七五％；而在有嫌犯照片摻雜在其他的相片中時，低緊張程度的指認最好，高達八三％。

最後有關法庭上要求證人重複事件當時所說的話（verbation），這個在心理學上，早在一九三二年，巴特勒（Bartlett, 1932）的論文就已顯示，受試者記住的是整句話的意思（gist），而不是句子的表層結構（surface structure, Chemsky, 1965）。後來的許多實驗中也顯示，受試無法分辨哪個是真正出現過的句子，而哪個是意思相同但結構不同的句子（Bransford and Johnson, 1972），因為這一點，在法庭上採證證人證詞時，一定要對其信度持懷疑的態度。美國俄亥俄州有一個強暴犯在被關了十一年以後，因DNA的對比不符而釋放，他當時就是因兩個目擊證人的證詞送入監獄的。台灣的羅讚榮也是在被證人指認為計程車之狼，關了三年後才被放了出來。所以對於證人的記憶、證詞的可靠性，法院在法律上似應採較審慎的採信態度。

表二 緊張程度、指認方式與嫌犯是否出現在指認行列中
與目擊證人記憶正確性的關係

緊張程度		真人		相片	
		嫌犯有出現	嫌犯無出現	嫌犯有出現	嫌犯無出現
高	正確指認	33%	67%	75%	42%
	錯誤指認	8%	33%	17%	58%
	嫌犯有而沒有被指認出來	58%		8%	
低	正確指認	75%	50%	83%	33%
	錯誤指認	8%	50%	17%	67%
	嫌犯有而沒有被指認出來	17%		0%	

9 黑死病與文藝復興

瘟疫其實與人一直分不開，我們甚至可以用「如影隨身」來形容先民如何受瘟疫的迫害。瘟疫一直到二十世紀中葉，醫學的進步、盤尼西林的發明、衛生習慣的改善後，大家才不會談虎變色。在人類歷史有文字記載以後，我們可以看到每隔若干年就有瘟疫發生，人類一直逃不開瘟疫的陰影。歷史學家對瘟疫沒有興趣，只是把它用流水帳的方式記錄下來，其實**瘟疫對人類文明的演進有非常大的關係**，有人說一三四六年的黑死病大流行，促進歐洲的文藝復興，細想起來是有道理的。

死屍可以破城

一三四六年，蒙古大將攻打黑海邊一個富庶的卡法城，久攻不下。這時蒙古軍隊中發生鼠疫，士兵死亡殆盡，眼看就要無功而退，蒙古將軍卻想出一個法子：把死亡士兵的屍體用彈弩投入城中，使城中鼠疫流行，這個城就不攻而破了。

城破時有一位義大利熱內亞的富商，帶著妻小和全部的金銀珠寶乘船逃了出來，但是因為鼠疫的關係，他在地中海各個國家漂流很久，沒有國家敢收留他，大家都害怕鼠疫的傳染。最後他回到家鄉熱內亞，把所有的財富攤在甲板上，給守城的人說：「我已離開卡法城六個月，我若有感染到鼠疫，現在已經死了，但是你們看，我並沒有死，可見我身上並沒有瘟疫，假如你讓我進來，甲板上這些珠寶全是你們的。」結果熱內亞人就開了城門讓這艘船進來，鼠疫就從熱內亞開始向四方傳播，直到遍及整個歐洲，包括北方的斯堪地納維亞半島都不能倖免，每天黃昏時，就有人推著獨輪車手裡搖著鈴，喊著 bring out the dead, bring out the dead。家家戶戶就把死人搬出來丟到城外燒，說死屍如山是一點不為過，鼠疫肆虐歐洲一百多年，使三分之一的人口死亡（我們現在知道鼠疫是由老鼠身上的跳蚤所傳染，老鼠一般是躲在艙底汙穢之處，外面的人不易察覺到），之後財富重新分配。

人口壓力減少了，糧食充裕了，人民有飯吃之後，開始思考精神上的需求。馬丁・路德（Martin Luther）對教會的「三十罪狀」批評使得人們慢慢覺醒，開始從神權的統治下解放出來。人們開始思索神以外的東西，開始渴求知識。以往書很珍貴，因為沒有紙，文件、契約都是寫在羊皮上，若是契約不用了，就用小刀把字刮去，重複的使用這張羊皮。鼠疫過後，人口大量死亡，所遺下來的衣服腐爛後就變成造紙的原料（若是沒有紙，即使有心，知識也不可能流傳得廣，因為一般人負擔不起）。一四五三年，東羅馬帝國滅亡，許多學者逃回西方時帶來大量的書籍，活字印刷術的發明使得這些書在有紙、可以大量印的狀況下，文藝復興才得以發生。

文藝復興對近代文明的產生有決定性的作用。造成文藝復興的原因很多，有些原因造成的影響是短期內無法看到的，現代人不重視歷史，甚至覺得歷史談的都是死人的事，與現在沒關係，很無趣。其實世間的事是一再發生，所謂「太陽之下無新鮮事」，我們只要肯找，都能從古人的經驗學到新的知識。好比說，歷史記載，某種瘟疫每隔若干年流行一次，我們就要想「為什麼是這樣呢？」有了疑問，就會去找答案，於是我們就知道瘟疫染上之後，不是每一個人都死亡，有些未死之人病癒之後身上就有了抗體，當一個城的人口減少到某個程度時，這個病就流行不起來，因為病毒要靠人體傳播，於是流行病就沉寂下去；等到這些有抗體的人生育孩子到某個數量時，因為這些新生兒身上沒有抗體，於是一旦有人從外地帶病毒進來，這個病又開始流行。這是為什麼流行病好像每隔多少年橫掃一次的原因。

無知，而非天譴

瞭解這個原因，也就瞭解為什麼十六世紀西班牙人，可以以少數的幾百人征服廣大的阿茲特克（Aztec）帝國及奴役幾百萬的印第安人，因為西班牙人帶來天花，使得美洲印第安人大量死亡，而印第安人對免疫抗體的無知，使得他們把自己的人會生病、白皮膚的人不會生病，解釋為「神佑白人」——神支持白人的行為，自己一定是犯了什麼罪受到天譴，才會自己的人染病而白人無恙。既然神站在白人那邊，還有什麼可戰呢？於是印第安人紛紛棄甲投降。瘟疫，或是說人們對於瘟疫的無知，使得美洲印第安人受了好幾世紀的苦。

沒有文藝復興，沒有現在的科技文明，誰又會想到，可怕的黑死病是我們今天舒適生活的功臣呢？

10 業精於勤，人長於嬉

紐西蘭的一位教授佛林（James R. Flynn）曾發表了一篇論文，驚動全世界。他發現人類的智商在過去的數十年間一直在增加，比如說，在美國，一九五三年到一九七八年這二十五年間，IQ的平均分數增加七．五分，也就是說，平均每十年增加三分。在荷蘭，一九五二年到一九八二年這三十年間，也發現IQ平均分數增加二十一分，平均每十年增加七分，這個增加的數字是相當的可觀的。這個現象在十九個國家地區中都有發現（美國、比利時、荷蘭、法國、挪威、瑞典、丹麥、德國、奧地利、英國、瑞士、加拿大、北愛爾蘭、澳洲、紐西蘭、巴西、以色列、日本及中國大陸），表示是一個普遍存在的現象，稱為「佛林效應」（Flynn effect）。

現代人比以前聰明？

這個現象非常有趣，難道這是表示，現在的人比過去的人聰明嗎？IQ高是否代表智慧就高？很多人都覺得現在的小孩越來越精，鬼主意多得很，不像我們小時候笨笨的，老師說東我們哪敢走西。這個現象值得我們探究，不過如何解釋這個效應，其實沒有想像的那麼容易。一開始時，大家都認為現代的社會電視非常普遍，電訊傳播非常發達，世界的距離縮短很多，波斯灣戰爭從衛星上傳送下來，清晰得好像在自家門口打的一樣，令人有身歷其境的感覺。我們做父母的都知道電視保母何其有威力，卡通時間一到，小朋友個個乖乖的坐在電視機前面專心收看，心無旁騖，所以認為這個IQ分數的增加，一定是由於多媒體導致的語文能力增加之故。想不到仔細分析這個現象，卻發現語文的分數增加不多，有的地方還有倒退的現象，增加的部分主要是來自空間能力與推理能力等非語文的部分，最顯著的就是在所謂瑞文氏測驗（Raven Progressive Matrices）的表現上。

瑞文氏測驗

原來，荷蘭的年輕人在十八歲入伍當兵之前，必須先做一些智力測驗，所以他們的記錄最完整。仔細分析他們的資料發現，平均IQ分數的增高原來是來自非語文智力測驗的部分，而以瑞文氏測驗最為突出。所謂瑞文氏測驗，是心理學大師史皮爾曼（Charles Spearman）的學生瑞文（John C. Raven）在一九三八年發展出來的，它是個三乘三的矩陣，但是最後一個位置是空白，受測者要從八個可能性中挑一個最合適的放上去，完成這個矩陣。這個瑞文氏測驗有三個版本，由淺到深，一般都認為它是一個最不受文化差異影響的測驗，簡生（Arthur Jensen）更是極力推崇，認為它是最能測量出一個人真正智慧的測驗。

從前面提到有佛林效應的十九個國家地區中，可以看出來它們都是接觸到高科技、資訊發達的國家，所以這個效應可能與電腦、電視等多媒體的傳播有關。如果分析這一代年輕人與上一代差別最大的地方是什麼，我們會發現答案應該是電玩遊戲。所以我們就想，這個空間推理能力的增加會不會與打電玩有關呢？我們想找幾名有十年電玩經驗的高手，每天至少打兩個小時以上電玩的學生做做看瑞文氏測驗，看看他們的表現會不會因為電玩經驗而提昇。因為國內瑞文氏常模的年齡只到十五歲，所以我們最多只能找國三的學生，但是台灣國三的學生是不可能每天打兩個小時電玩遊戲的，除非他不升高中。所以後來我們到台北美國學校，找了五名符合我們條件的九年級（相當於我們的國三）學生做測驗（全是男生），同時也找了五名同年齡但是從來沒有玩過電玩（或玩得很少）的女生做比對，結果這兩組學生的表現完全不一樣，顯示電玩的經驗對瑞文氏成績的提高的確有作用。

後來查對國外的文獻，發現有一篇報告說玩六個小時的 Tetris 電腦疊積木遊戲，對瑞文氏分數的提高也有幫助。電玩經驗對空間能力或推理能力的提高，在我們後來的實驗中再次證實。這個原因限於篇幅，在此不能細談，本文的重點其實是想**呼籲父母給予小孩一些遊戲的時間和空間**。因為從佛林效應看來，電玩不一定是壞事，只要不牽涉賭博，玩電玩對眼、手的配合，空間的概念和推理的能力，其實都很有幫助。就像我們以前的實驗發現，只要不牽涉賭博，老人家玩麻將對視覺掃瞄速度、視覺搜索速度、記憶廣度等都很有幫助。

我們是個嚴肅勤勞的民族，一般來講，父母老師都很不喜歡看到孩子玩，一看到孩子在玩，父母便嘮叨的問：「功課做完了嗎？怎麼不去複習？」若是複習完了，父母便會叫你去「預習」。孔子不是說「溫故而知新」嗎？複習、預習準沒錯，不這樣讀將來怎麼考得上台大呢？寒暑假則一定有作業，還有返校日，檢查暑假作業做了沒有，學生從來不能盡興無牽掛的玩。我念書時教室牆上貼著「業精於勤，荒於嬉」，整個社會文化對遊戲都是一種負面的價值判斷，其實**遊戲是認知、人格成長中非常重要的一個經驗**。**小孩子一個人玩的時候，他是在發揮他的想像力**，一下子做蝙蝠俠，一下子做壞蛋；一會兒扮媽媽，一會兒扮小孩；同樣一把椅子，爬上椅子，可以是征服喜馬拉雅山，鑽進椅子底下也可以是阿里巴巴四十大盜的洞穴。這想像的空間是非常大的，無遠弗屆，而大家都知道，想像力是創造力的基本條件，人類文明的原動力。

多一點遊戲就多一分長進

再說，**幾個小孩子一起玩的時候，是練習拿捏人際關係最好的機會**，在遊戲中，孩子學會「禮尚往來」的重要性。「分享」、「輪流玩」、「講理」是交朋友的要件，小孩子很快就發現，把家中那一套搬出來到外面使用時，非常的不好用。朋友不像父母，說錯話、做錯事，朋友就不理你了。於是他慢慢從遊戲中學會「同理心」，學會設身處地替人著想，為他將來入社會鋪路。

反觀我們現在的教育，小孩子沒有什麼時間與同學玩，一天八小時的課排得滿滿的，下課十分鐘上廁所都來不及，有時還得趴在桌上補眠，根本不可能出去玩。中午本來可以到操場玩，但是台灣規定一定要睡午覺，不管愛不愛睡，頭都得睡在兩臂間，不准偷看，不准扭動身軀。晚上放學天已黑，而且有無數的功課待做，所以我國的國小學生真正能和朋友玩的時間實在不多。這種現象越來越糟，因為功課越來越深，考試壓力越來越重，自然也越來越沒有時間與同學打交道。有一位考上醫學系的同學對我說，高中三年她因為個子小，坐在前排，幾乎不認得後排的同學，因為沒有機會和後面的人講話，所謂同學不過認識這個名字罷了。等到上了大學，開母校的同學會時才真正有交談，她很訝異可以共同在一個屋簷下生活三年而沒有交談過一句話。台灣的學生，生活圈子之小，生活之枯燥，可想而知了。

我們在大學中看到學生思想的不成熟、行為的幼稚、人際關係的不當等等，我認為與他們在成長的過程中沒有機會玩，以及休閒活動全為電視占去有很大的關係。或許我們應該改一下大人的觀念，給予小孩多一點遊戲的時間和空間？

11「起跑點」在子宮？

為人父母者莫不希望孩子比自己強，希望孩子能青出於藍更勝於藍，因此，對於孩子的教育都非常重視。很多商人看準父母的這個弱點，打出「不要讓你的孩子輸在起跑點上」這句廣告詞，使天下的父母紛紛中箭落馬，乖乖掏出省吃儉用的血汗錢給寶寶買各式各樣的益智玩具，或報名參加最有名的補習班，以期將來出人頭地光耀門楣。

未出世先學英文

那麼這個「起跑點」究竟是在哪裡呢？父母在什麼時候就要打點好小寶貝的一切，以確定他沒有輸人一截呢？現代人把教育孩子的時間一直往前推，推到孩子還在母親子宮裡的時候，這就是所謂的「胎教」。胎教這個觀念中外都有，也都很重視，外國醫生也叫準媽媽要心情愉快，營養均衡，不抽菸不喝酒等等，只是我國的父母捨得花幾萬元買胎教CD，讓還未出世的寶寶學英文，卻沒有先評估它的功能。

聽覺是人類感覺系統中最早形成、最後離開的一個感覺。胎兒的聽覺在七個月時就已形成，剛出生二十四小時的嬰兒就能判斷聲音的來源，不像視覺要到一歲多、兩歲才發展完成（我們知道剛出生的嬰兒是個大近視眼，遠的東西是看不清楚的。但是大自然的神奇使得嬰兒躺在母親的臂彎中吃奶時，他與母親臉孔的距離大約二十公分，正好是在他的視力範圍之內，所以他可以看得清楚母親的臉）。**胎兒的聽力雖然在七個月時就完成，但是放語文的 CD 給他聽，他其實是聽不清楚的**。因為空氣傳聲的速度與水不同，而胎兒是泡在羊水中的，所以他聽不清楚每一個字。更何況胎兒在母親的子宮中還有母親心跳的聲音，血液流過血管的聲音及羊水的聲音等雜音，所以他不可能聽得見 CD 所講的英文。我們可以自己在家中試一下，把頭埋在臉盆之中（包括耳朵部分）然後請人放一段 CD，試一試你是否可聽出內容，或是去遊泳池游泳時，潛水後聽池邊岸上別人的閒談。在日常生活中其實有很多方法可以立刻親身體驗在水中聽聲音的情形，自己可以判斷一下胎教的 CD 有沒有用。

商人會想出這個點子，是因為有一個研究報告指出，剛出生的嬰兒喜歡聽母親的聲音及喜歡聽母親所用的語言。你可能會想嬰兒不會說話，我們怎麼知道他喜歡聽母親的聲音呢？實驗心理學最大的貢獻，便是想出許多做實驗的妙法以推測受試者的心意與意圖。在這裡，實驗者是利用嬰兒有吸吮的反射反應作指標，給他吸一個奶嘴，奶嘴後面有電線連到電腦計算嬰兒吸吮的次數。當嬰兒新接觸到一個刺激時，他會很感興趣，奶嘴就吸得很快、很用力；假如這個刺激一直不變，嬰兒很快就喪失興趣，吸吮率就會降低，降到某一個程度時我們稱之為「基線」。這時如果把刺激更換而嬰兒可以分辨得出這個刺激與前面刺激是不相同的，嬰兒的吸吮率就會上升。若將它與基線相比，達到統計上的顯著效應，我們就推論說嬰兒可以分辨出兩個刺激之間的差異。

另一種方法，是在螢幕上左、右各出現一張圖片，由一位坐在螢幕下不知道螢幕上放映的是什麼的實驗者，觀察嬰兒凝視左邊和右邊的次數及時間上的長短。看的次數多、時間長，就表示嬰兒偏好這個刺激。

孩子健康最重要

用這些方法，我們知道嬰兒偏好母親的聲音、母親的面孔及母親所說的語言，但是這並不代表嬰兒熟悉這個語言所用的字。他聽到的是這個語言的句調，所謂的抑揚頓挫，他所熟悉的也是句調而已，因此法國嬰兒會喜歡聽法文，而不喜歡聽俄文（這個實驗在法國做的），但是如果把法文的句子倒過來放，將句調改變了，儘管裡面每一個字仍是法文，嬰兒就不愛聽了。由此可見，嬰兒所聽到是句調而已，並非裡面的字。商人雖然腦筋動得很快，但是沒有瞭解這個實驗的真諦，讓許多父母浪費不少金錢，可能也讓胎兒受了一些罪，因為我們知道噪音是酷刑的一種，一直聽某一張 CD 大概也很痛苦吧！

其實**胎教最重要的不是怕孩子輸在起跑點上，而是要讓母親心情愉快**。母親的心情愉快，免疫系統的功能就會增強，孩子就會比較健康，一個健康的孩子是最重要的，所以胎教 CD 中的音樂是有用的，它可以使母親放鬆心情。母親若緊張，身體會產生壓力荷爾蒙，現在已知它對胎兒大腦的發育不利。

12 語言與大腦的奇妙連結

一八六二年，英國的艾德文．史密斯（Edwin Smith）買到一卷在埃及的勒克索（Luxor）出土的蘆葦草紙手卷，裡面有四十八個病例是古埃及外科手術手抄本。他發現，在紀元前三千年左右，埃及的醫師就已觀察到腦部受傷和語言失常之間有關係了，例如手抄本中寫道：「假如病患的太陽穴有傷口……把手指放進傷口，病人會抽搐，雖然張口很想講話，卻無法說出話來，這種情況，治療無效。」另外手卷中也有記載頭部受傷後，眼手不協調，病患一邊身體不靈活，走路腳掌不離地抬不起來等等不正常現象。最主要是那個時候已經知道，中央神經系統受傷時，它所顯現的病變位置可以離病源很遠。在紀元前四百年前的希臘文獻中，也已經可以看到身體右邊癱瘓和語言失常有連帶關係的句子了。

腦功能「定位」的觀念

羅馬帝國滅亡以後，歐洲經過九百年的黑暗時期。在一切以神權為依歸時，科學或醫學沒有任何的進展；直到文藝復興時代，莫奎利爾（Girolamo Mercuriale）報告說，有一個印刷工人在癲癇發作之後，突然失去閱讀的能力，他可以聽寫，卻看不懂自己剛剛寫的字，現在我們知道這個人得的是失讀症（alexia without agraphia）。施密特（Johann Adam Schmidt）一六七六年也在一個中風病患身上，看到他不會說話也不能讀自己寫的字；這個病患後來復原到可以說話，但仍然不能閱讀，顯示說話和閱讀似乎由大腦不同的區域負責。這種研究使得「定位」（即大腦的各個部位掌管著不同的行為）的觀念日益盛行。

到十八世紀，這種看法演變成骨相學（Phrenology）。高爾（Franz Joseph Gall）認為腦由許多獨立的器官所組成，每一個器官控制著某一個功能，這個器官的發育是否良好，可以從頭骨上突起的大小測知，所以骨相學者測量人們頭顱的形狀和大小，以預測他的智力傾向。這個說法當然是不正確的，因為太多的證據指出頭顱的大小與智力無關。

其實高爾並非全然一無可取，他將大腦功能定位在皮質上就是一大貢獻，在他之前，皮質被認為是不重要的。高爾首先提出大腦皮質中有語言的想法。在一八一九年出版的《神經系統的解剖與功能》中，他找出二十七個腦功能中樞，如行動、知覺、愛情、虛榮、宗教、理性、道德等，對大腦各部分的功能都有很詳盡的描述，可惜都與後來的事實不符。

因為沒有受過實驗法的訓練，高爾常會以偏蓋全，看到一兩個病例便以為人人皆如此。例如他有一個小學同學，記憶力特別好，剛好這位同學長著金魚眼，雙眼突出，他就以為語言和記憶一定在前腦額葉，額葉太發達了才會把眼睛推得向外突出。同時，因為觀察到三位被劍從眼眶附近刺入前腦的病人。都說不出探病者的名字，卻都認得他們是誰，所以他提出語言中心在眼睛下面的假說。骨相學在民間曾有一陣子非常的流行，達官貴人都去「摸骨」算命，但是因為不科學，經不起時間的考驗，後來就消失了，只有在談到歷史時會提起它，因為骨相學將腦功能「定位」的觀念打入基層，為後來者鋪路。

布洛卡與威尼奇

一八六五年對神經語言學是個重要的年代，法國醫生布洛卡（Paul Broca）在人類學會上報告一個失語症的病例，大膽的提出「我們都是用大腦左半球說話」。這個病人自幼就有癲癇，三十一歲時失去說話能力，只能發出「唐」（Tan）的音，因此被稱為

「唐」。唐失去說話能力時，右臂也麻痺無力，布洛卡在作解剖時發現唐的左額葉後下方有病變，而其他地區沒有異樣，所以很顯然的，是左額葉後下方病變造成唐的失語症。

布洛卡的這篇報告引起絕大的轟動，因為它證明人類的大腦的確由不同的部位掌管不同的功能，後來這個區域就叫做布洛卡區（Broca's area）（注：不過後來用核磁共振重新檢驗唐的大腦，發現受損的部位遠大於布洛卡當時描述的，加州大學聖地牙哥分校的貝茲（Elizabeth Bates）教授說受損區域之大，手握拳可以伸得進去）。

一八七四年，德國的威尼奇（Carl Wermicke）又發現左腦顳葉上方被破壞時，病人無法聽懂別人講的話，他自己講的話雖然表面上很流利，其實語無倫次，別人聽不懂。這種對語言瞭解的缺失稱為威尼奇式失語症，受損的部位則稱為威尼奇區（Werniche's area）。

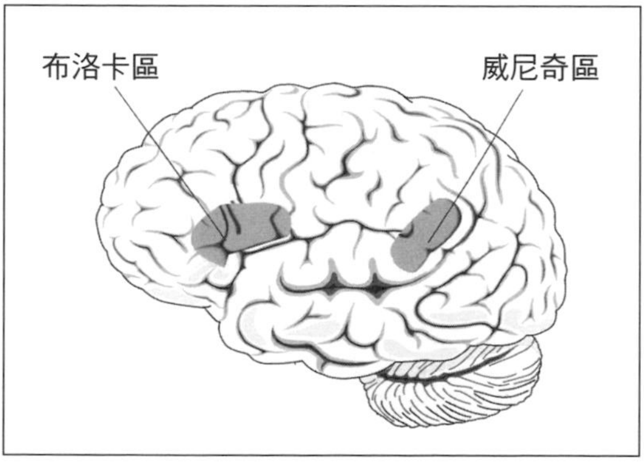

這兩種失語症的差異在於：布洛卡式失語症的特

徵是說話像打電報，電報是逐字計費，所以越精簡越好，這種病患也是，他們把語尾變化、時態變化都省略了，只剩骨幹，他們說話很費力，斷斷續續，例如 Monday... ah Dad and Paul...hospital...Two...ah. doctors...and ah...thirty minutes...ah...teeth。

你會注意到上面那兩個句子中全是名詞，病患都沒有用動詞，這在布洛卡式失語症病患中是一個很普遍的現象，而且不論病患是哪一國人，在所有的語言中都觀察得到。為了解釋這個現象，語言學家提出一個假設，認為動詞比較困難，是因為負荷的量比較重，要因時態、單複數而有許多附加的語尾變化，動詞重音常常都在第二音節，如 `record（唱片）、re`cord（錄音），而第二音節的發音比較困難，所以布洛卡區的病患不使用動詞等等。這個說法被台灣病患的研究推翻了，因為在漢語中，名詞和動詞念音都一樣，沒有輕重音之分，而且名詞和動詞在形態上都一樣，並不加語尾變化。因此，當我們在台灣測試失語症的病患身上也看到與西方文獻一樣的情況時，我們知道布洛卡區的病患不使用動詞，不是因為動詞本身的負荷（loading）比名詞重的關係。

威尼奇式失語症病患在請他看著一張小女孩拿花給老師的圖片，然後描述這張圖片時，說話會像下面這樣：Girl...wants to...flowers...flowers and wants to. The woman... wants to... the girl wants to... the flowers and the woman.。你不知道他在講什麼，因為這也是一種語言缺

失，但病變的位置並不在左腦前區，所以後來就把這一型另外定名為威尼奇式失語症。威尼奇的貢獻不只是發現另一類型的語言失常，更重要的是他提出一個學理上的研究法：把具體的語言模式化分出層次，例如表達上的困難和理解上的困難，再由模式中導出語言病變和大腦位置的關係，使失語症的研究不再是一種症狀的描述而已，**這種假設性演繹法（hypothetical-deduction），正是一種科學的精神**。

威尼奇同時推測，如果布洛卡區和威尼奇區溝通的橋梁斷掉，會產生另外一種失語症，後來發現果然如此，病患可以聽得懂（因為威尼奇區還是好的），也可以說話（因為布洛卡區是好的），但是他說的話你聽不懂，因為從聽覺皮質到布洛卡區的路斷了，現在把它叫做傳導性失語症（conduction aphasia）。在沒有看到病患便能從理論上推論出來，是很了不起的，與英國的謝林頓爵士（Sir Charles Scott Sherrington）一樣，他在沒有電子顯微鏡的情況下，推測神經之間一定有「突觸」。

大腦做工看得到

語言是一個很複雜的行為，語言並不是人類和黑猩猩唯一的差別：人類並不是黑猩猩加上一個說話的能力而已。思考、記憶、想像、情緒都要用到語言。人之所以會有童年失憶症（childhood amnesia，即一般人不記得大約三歲以前所發生的事情），除了掌管記憶的海馬迴沒有發展完成這個生理上的限制之外，一個很重要的因素是三歲以前語言能力尚未掌握得很好，許多記憶無法用語言來登錄，而語言是情緒感覺最好的表達方式。後來的研究發現小腦也有語言。

因為腦造影技術的突破，讓我們在活人身上看到大腦「線上」工作的情形，大大增進我們對腦的知識。正子放射斷層掃瞄（PET）和功能性核磁共振（fMRI），是目前最常用的兩種功能性腦造影技術，fMRI因為不必打放射性水進入人體，在實驗上我們更偏愛fMRI。這兩種方法都可以讓我們在受試者進行一個心智作業時，看到他大腦內部活動的情形。因為大腦要工作就需要比較多的葡萄糖和氧，工作越吃重的地方所需要的能量也就越多，我們可以利用這個特性，測量不同區域葡萄糖和氧的新陳代謝率或是區域性血流量，以探知大腦內部工作的情形。當我們測試受試者以台語閱讀的大腦活動情形時（越紅表示大腦活動量越高）發現，亮起來的區域正是布洛卡區、威尼奇區等語言中心。另一個實驗是陽明大學學生在判斷一個字是否為假字、真字和同音字時大腦工作的情形，這個實驗讓我們看到大腦中有專門處理字形的地方，但是有意義的真字和無意義的假字，大腦亮起來的地方不同，表示字形、字音、字義都有特定的地方負責。

漢語實驗帶給神經心理學很多新的訊息，因為漢字的獨特性，使我們可以有同音不同形（如刪、山）的比對，而拼音文字因為字母構音的關係，同音幾乎都同形，只有少數的例外，如 rose 和 rows、toe 和 tow，即便如此，它們還是有兩個字母相同，不像中文可以做到字形上完全不同。因此漢字的實驗變成驗證語言學理論一窺腦內祕密最好的方法。

人類最後一塊處女地

另外研究也發現，精熟度不同，大腦工作的地點也不同。一個初入學的孩子讀一個句子時，左右腦顳葉、頂葉、顳葉、額葉幾乎都動員起來，但是一位大學生在讀同樣句子時，只有大腦中間的腦島（insular）亮起來，其餘地方沒有在工作（注：這裡工作與休息是相對性的，即工作時的去氧血紅素減去靜態時大腦同一地點的去氧血紅素，若達到統計上的顯著性，表示這個地方在工作），表示他有很多餘力可以注意別的事情。現在也知道有沒有讀書與以後會不會得阿茲海默症有很高的相關，義大利北部不識字的七十歲以上老人得阿茲海默症的比例，是讀過五年書（小學未畢業）的十四倍。腦是越用越靈光，從大腦切片可以看到，**越用腦的人，神經纖維之間的聯結越濃密，觸類旁通的**

機會也越高。

對於腦的知識，現在是日新月異突飛猛進，舊的觀念一再被挑戰推翻，早年的教科書還寫著腦神經細胞死亡不會再生，後來已經知道海馬迴會添增新的細胞。這是一個充滿挑戰的領域，腦是人類最後一塊處女地，我們期待著年輕科學家進入這個領域，共同解開這個世紀之謎。

13 閱讀使你爬上巨人的肩膀

在人類史上，知識的累積從來沒有像過去一百年來這樣的驚人，從一九六一到一九八一年，這二十年間所累積的知識可以說是過去二千年的總和，從一九八一年到二〇〇一年，知識又幾乎增加了一倍。難怪大家說資訊爆炸，因為現代知識的增加已經超越一般人可以負荷的能力，是前人無法想像的。比如說，在二十世紀之初，萊特兄弟（Wight brothers）剛發明滑翔機；一九二七年，林白便駕著單引擎飛機「聖路易精神號」飛越大西洋；到一九六九年七月，人類更登上了月球。阿姆斯壯（Neil Armstrong）當時說出所有人的心聲：「我的一小步，人類的一大步。」在這短短的幾十年間，人類從不會飛到飛上月球，這種知識的累積與科技的進步真是驚人。

可以設計訂製生命的世界

二十世紀初的時候，我們對生命的本質、來源、結構都很不瞭解，人的平均壽命才四十八歲，連血型有幾種、不能隨意輸血都不知道，但是到一九五三年，華生（James

Watson）和克里克（Francis Crick）發現DNA的雙螺旋結構，開啟了分子生物學的大門。人類也是在短短的幾十年間，不但壽命延長到七十五歲，而且有複製人的能力了，一九九七年，英國成功用成年的乳腺細胞複製出一頭羊，推翻生物學上成年細胞不再分化的定律，解出人類二十三對染色體的基因序列，可製作基因晶片以比對遺傳上的疾病。人類從萬物之靈變成可以被另一個人類設計訂製的生命，這個知識的累積不可謂不驚人。

當然，電腦的發明是這些科技突破的大功臣，二十一世紀最大的挑戰將會在生物科技與電子資訊方面。電腦使我們將記憶存放於外界，不再受到生理的限制（人腦只有三磅重，大約有十的十二次方到十的十四次方的神經元），人腦發明了電腦，電腦又反過來研究人腦。科學家把人腦稱為人類最後的一塊處女地，我們可以複製出一個一模一樣的人，卻不能使這兩個人有一模一樣的記憶。人體什麼器官都能移植，卻不能移植大腦。如今人腦最後的解碼就落在電腦身上，人類的基因圖因為有電腦幫忙，才可能在短短的幾年內將序列排出。

因為知識的快速累積，科技的突飛猛進，科學家對於未來世界的預測都不敢超過五年，有人甚至連預測兩年後會變成什麼樣都不敢，因為科技的進步是成等比級數上升，人類無法看到那麼遠。我們的祖先無論如何都不可能預測到今天我們生活的方式；不要說祖先，就連生在本世紀，在馬來半島叢林中躲了四十年的人重回人間後，也不敢相信人類的文明可以在二次世界大戰後進步得這麼快。

科學上的發明可以進步這麼快，最主要是因為人類的知識可以累積。我們有文字，可超越時空的阻隔，將前人一生研究的心血記錄下來，流傳後世，使我們可以站在他們的肩膀上，看得更高、更遠。還記得牛頓說他是站在巨人的肩膀上那一段話嗎？一個人的生命有限，如果沒有前面無數人的努力，我們今天不可能坐在這裡享受這麼進步的科技文明。因此，**面對二十一世紀資訊爆炸唯一的武器，便是閱讀——在最短的時間內吸取別人研究的成果**。閱讀是目前所知唯一可以替代經驗使個體取得知識的方法（這裡所指的知識是已被內化，隨時可以取用的東西）。

背景知識是智慧的鷹架

我們吸取外界知識一般來說有兩個管道：聽和看，因為聽覺是時間性的，時間流過去，聲波就消失。因此，除非大腦中已有背景知識的架構，可以捕捉這些聲波，使它意義出現，不然有聽沒有見，好像在聽外國人講外國語一樣，雖然很努力聽仍然無法重複。一般俗語所說的「鴨子聽雷」指的便是這個現象，因為不瞭解意義，聽過聲波消失後，無法在大腦留下記憶的痕跡（對於記憶的處理，一般可以分為工作記憶和長期記憶，訊息經過工作記憶的處理後，轉存入長期記憶，而工作記憶需要動用到先前的背景知識或認知架構，來幫忙處理新的訊息）。

視覺是空間性的，閱讀比聽講更能夠吸收知識，原因是文字不會像聲音一樣消失，碰到文意不懂時，眼睛可以再回去看，這使訊息的吸收可以依照自己的步調進行。這是為什麼，聽演講時最能夠看出一個人對某個領域的功力，一般來說教授聽的比博士班學生多，博士班又聽的比碩士班學生多，而大學生聽專業演講大約只能聽到兩三成。在這裡，**我們清楚看到背景知識的重要性，它提供我們鷹架，讓後來的知識可以往上爬，進入它應該放置的位置**。這也是為什麼我們的學習不是一個連續性的曲線，而是學習到某一個程度時豁然貫通，使自己提昇到另一個境界，也就是心理學所謂的頓悟——當所有的知識都放入恰當的背景架構中時，一幅完整的圖像才會浮出，我們才會恍然大悟，原來先前這些知識彼此的關係是這樣的，原來這個主題真正的意義在這裡。於是這個主題的知識便被內化成為你所瞭解的東西，可以經由你自己的口，說出來給別人聽了。這個知識即使改變成很多不同的形狀，你還是認得它，不會被外表的形狀所矇蔽，你自己也能任意變換描述它的方式而不失真。這就是為什麼真正懂的人，可以深入淺出的把一個困難的概念講得別人聽得懂，而半瓶醋的人往往說得天花亂墜，聽的人卻覺得不知所云。

在研究所裡，我們常叫學生上台作報告，當一個學生可以不看講稿、侃侃而談時，他所講的是已被他自己吸收、內化了的知識。在學習上，我們深切希望能做到這一點，因為一個死記背誦而來的知識是無法轉換的，而一個無法轉換的知識是無法觸類旁通、引發新的知識的。知識的不足，使得我們的學生無法達到批判性思考的地步或做出獨立判斷的能力，假如你不知道別人講得對不對，如何做出任何的判斷？假如你不知道這件事情的來龍去脈，如何對它提出批判性的思考？

我們的社會充滿盲從、人云亦云的現象，最基本的原因就是國民的知識不夠，不足以作有智慧的判斷。這點是大力推動閱讀的最主要原因，要使台灣成為科技島，國民的基本常識一定要提高，而閱讀，便是提昇這個能力最簡便、最快捷的方式。

閱讀的好處不只是它打開了一扇通往古今中外的門，讓你就你自己的時間、自己的步調在裡面翱遊，它同時可以刺激大腦神經的發展，使你的大腦不會退化。有研究發現，義大利北部文盲和讀過五年書的老人，在阿茲海默症上的比例是十四比一，也就是說，讀過幾年書、可以看報紙的人，得阿茲海默症的機率比不認得字的人少了十四倍。

十四倍在醫學上是個很大的差距，**有沒有動腦筋造成這個差別，是因為大腦的神經元基本上是用進廢退**。

從猴子的實驗中我們發現，當把小猴子的中指切去，原來掌管中指的神經，便會朝兩邊伸過去掌管食指和無名指了；一個人的手臂出意外鋸掉以後，原來的手的神經便會伸到別的部門去管別人的事，神經是不會無所事事的。一個沒有與其他神經元同步發射過的神經元會被修剪掉。閱讀時，每一個字會激發其他的字，會聯想到過去的經驗，你的神經會像骨牌效應一樣，一個牽動一個，發射起來形成綿密的神經網路。

增加忍受挫折的能力

閱讀的另一個好處是增加個體忍受挫折的能力，減少心理上因無知而造成的恐懼感。在遭受打擊時，我們第一個反應常是「為什麼是我？」認為上天對自己不公，開始怨天尤人。一個人如果把精力花到怨怪別人身上，自然沒有餘力思索解決問題之道。而且因為大家都不喜歡與愛抱怨的人在一起，所以這個人就越來越孤獨，越落單，一個人獨處時就越會鑽牛角尖，越怨嘆就越沒有朋友，惡性循環之下，憂鬱症就出現了。

其實，太陽底下無新鮮事，大部分的事情，過去都曾發生過，只是時間、地點、人名不一樣而已，這是為什麼讀歷史可以以古鑑今，幫助我們解決現在的問題。閱讀別人的經驗可以幫助我們克服現在的困難，激勵自己再出發。同時人一旦發現別人也曾和自己一樣受過這個苦，心中不平之氣就會消減許多，這是為什麼在醫療上「支持團體」（supporting group）這麼有效的原因了。所謂同病相憐，一旦人感到自己沒有那麼孤單，挫折感就減輕了一半，就比較能正確的面對問題。

當我們無知時，很容易感到恐懼，算命的流行，就是因為對未來的不可預知造成心中的恐懼感，使得人願意花錢買一個心靈的平靜（大部分的算命是報喜不報憂）。事情不論多壞，如果我們知道該怎麼處理，就不會焦慮、害怕。我們可能會憤怒、悲傷，但不會是惶恐、不知所措。那麼，**怎麼樣才可以減少自己因無知所引起的焦慮？這個答案仍然只有閱讀，從瞭解問題本質尋求解決之道，從別人的經驗汲取教訓**。

我們說讀書可以改變氣質，這是因為讀了很多書，視野變得寬廣，不會再為芝麻綠豆小事煩心，眉頭不會深鎖。知識淵博，使你對問題有很多的解決方式，你的成竹在胸，使你談吐有物，進退得體，這便是風度和氣質。氣質必須經過讀書的薰陶，急促是不可得的，也無法作假的。

最後，**閱讀帶給你最大的好處是別人偷不走、搶不掉的知識**。這個儲存在腦裡的知識讓你隨時可以拿出來把玩，它使你在看山是山、看水是水時，能夠進入更高的意境，使你在任何時候、任何地方都能夠怡然自得，做到歸真返璞、終身不辱的境界。

因此，做一個學生，現在應該準備的是語文能力和組織能力。語文能力是因為全球科技的進步，已經拉近人們的距離，朝發夕至已經不是新聞，而是日常生活的一部分。地球村化的結果，是做到了古人說的天涯若比鄰，尤其是台灣加入世界貿易組織後，外國紛紛湧入台灣做生意，國際語言的能力是我們必備的，而且有了它才能與外國人溝通，才能上網搜尋別國的資料充實自己。

現在所有的資料都在網上，下載便可，但如果沒有組織能力，呈交出來的便是「資料彙集」而非「心得報告」。資訊太多以後，必須知道取捨，並從取下的資料中找出彼此之間的關係，整理出自己的創見。這個趨勢已使各個大學逐漸走向開放式的考試，老師出題後，學生回去上網找資料和答案，複誦式的記憶已經落伍了。我們前面說過，電腦的記憶體比人類的大幾百倍，而且一再取用不會變形，因此，現代的教學已不再要學生死記，**現在要的是組織能力**，**將前人或別人的東西轉化為你自己的**，閱讀使你爬上前人的肩膀，有了這個能力，你才能夠在爬上去後不掉下來，並且可以高瞻遠顧，有一番創見。

14 快樂是孩子成長最好的禮物

嬰兒在一出生時，所有的神經細胞都已有了（約有一兆那麼多），但是他的腦卻只有成人的四分之一大。在成長的過程中，他的腦除了發展髓鞘（包在神經纖維外面的一層白色物質，有絕緣的作用，使電流在通過時不會短路，讓訊息傳導得更迅速），更重要的是發展神經之間的連接。嬰兒的大腦在發育過程中，神經元要經過好幾次的大修剪才變成最後成人的形態，一個與其他神經元沒有關連的神經元，在大腦修剪時會被裁員。瞭解大腦發展的基本概念之後，我們現在來看智慧的定義是什麼，我們怎麼樣才可以幫助孩子啟發智慧。

一九二〇年代，因為大家對智慧的定義沒有共識，爭論不休，於是十四位專家在開了三天的會之後，討論出下面五個定義：(1)抽象思考的能力，(2)適應環境的能力，(3)適應生命中新情境的能力，(4)獲得知識的能力，(5)從既有的知識和從經驗中獲取教訓的能力。後來，又發現這五個其實可以併為兩個，即：(1)從經驗中吸取教訓的能力，(2)能夠適應環境的能力。近年來，專家日益發現活的應用知識才是智慧的根本，所以再把定義改為一條：**在新環境中適應新情境的應變能力**，這一項就包括傳統上對平面知識的追求，以及現代社會中對知識應用的要求。

因此，要使大腦的發展能夠配合現代社會對智慧的要求，我們必須讓孩子的神經之間連接密度增高，使他訊息流通得很快，可以觸類旁通。這個部分是後天父母可以幫忙的，因為這個神經之間的連接要靠經驗。孩子主動做一件事時，這個經驗會與他的大腦各個系統一起工作，神經元同步發射，形成大腦神經迴路，造成學習並留下記憶痕跡。所以父母應該放手讓孩子探索環境，不要壓抑他的好奇心，不要一直說：「不要動，不要吵，不要這個，不要那個」，給予他很多的限制。在台灣很少父母准許孩子玩泥巴或踩水漥，其實**孩子從探索的經驗中，可以學到很多寶貴的知識，這是父母無法替代他得到的**。父母只要從旁輔導即可，不必太保護他，事事替他做。因為只有孩子自己主動經驗、體會，才能增加大腦迴路之間連接的強度。

腦造影的研究顯示，猴子大腦運動皮質上，手指頭所占的皮質位置大小與猴子的主動學習有關。若是被動的運動手指（如聽到高頻率音用手指頭按鍵），雖然也是一樣在運動手指，但不是自主性的動它，而是為了讓實驗者知道猴子聽到的高或低頻率的聲音，這時，這隻手指在大腦運動皮質區所占的位置，並不會因為手指的運動而變大。因此，**讓孩子有興趣、有動機的主動探索，是幫助他神經連接最好的方法**。父母不必刻意為孩子買很多昂貴的玩具，或讓他上特別的潛能開發班，在正常的環境中讓孩子快樂的成長，是父母給孩子最好的禮物。正常的環境，使他的大腦有足夠的刺激來發展；快樂的童年，使他的成長有安全感，讓他的人格健全，不畏困難，不易被挫折打敗。

天下所有事，過猶不及皆不好，其實孩子在正常的家庭環境中長大，他所接受的聲光刺激就足以激發腦神經的生長了，不必刻意花錢訓練。平常報章雜誌上所引用的「刺激貧乏」例子，用的是孤兒院中可憐的孩子，他們只有在餵奶、換尿片時才有人接觸他，才會有刺激不夠的情況發生，一般正常長大的孩子，父母是不必擔心刺激不夠的。在發展的過程中，順其自然是很重要的，瞭解水到渠成這個道理，父母和孩子都可以放寬心，快快樂樂的享受彼此的緣分。畢竟，孩子只有一個童年，請陪伴他一起成長，成就你和他一生最好的回憶。

15 萬般皆上品，豈只讀書高

經過多年的努力，台灣已經從五〇年代代工、加工的社會轉型到高科技的國家。在高科技國家中，人力是最重要的資源，這不僅僅是指要有一流的管理人才、科研頭腦，還要同時有高水準的勞工配合，因此高科技國家，國民的素質就是國家的資產，是工商業競爭力的後盾。在這個不進則退、高度競爭的世界經濟中，任何國家都不敢對國民教育掉以輕心。

IQ分數抵殺人罪行

台灣人一向重視教育，但是以往的教育只偏重於智育，「萬般皆下品，唯有讀書高」，會讀書的孩子可以不必下田，不必做粗工。到現在還是如此，會讀書的孩子不必做家事，學校、社會各方面都優待他，這是一個極不正確的觀念。

人的才能有許多種，有些不適合讀書的人，卻適合做其他的事，有很多其他的天分，在以往，這些國、英、數不行的人被分到後段班、放牛班，自生自滅，但是他們其實是工廠的生力軍，是國民所得的主要生產者。放棄他們，沒有給予他們適當的教育，一方面是國家生產力的慢性自殺，另一方面造成社會的動亂。因此，**對於適應困難的學生我們應該及時伸手拉他一把，花一些心力使一個孩子不會誤入歧途，對社會來說意義太大了**。除了及時將他改造成一個有用的人，對社會有貢獻之外，間接節省許多監獄、司法等的社會成本。所以結合學校、家庭及社會的力量，共同關心學習困難或動機不足的學生，是刻不容緩的事情。

對於如何有效的執行這個美意，我認為最主要的一點，是**要改變家長、老師及社會所有人「不會讀書就是壞學生」的觀念**，花時間找出孩子的優點、特點，從他最強的優點下手，帶動他的學習動機，因材施教，讓他為自己的長處覺得自傲。對一個正在成長、青春期的孩子來說，師長一句鼓勵的話、一個關愛的眼神，常會改變他的一生。

我有一個學生來自偏遠的鄉下，家中務農，是六個女兒中最小的一個，因此從小對自己沒有信心，總覺自己是多餘的，盡量不打擾別人，做什麼事都等別人選完好的，心甘情願的拿最少、最差的一份。到念大學時，缺乏自信的她變成班上最不引人注意的一位學生，我上課時偶爾叫她起來回答問題，隨口稱讚幾句。想不到這隨口的稱讚，竟使她對心理學發生興趣，努力的看書，到我辦公室來借課外書看，一直到我離開學校都與我保持聯絡。她對心理學的興趣使她在這方面下苦功念，因而贏得別的教授的青睞，出國時，把她帶出去一起進修，全力培養。接到她從國外的來信使我很感動，我沒有想到隨口的一聲稱讚，竟使一隻醜小鴨蛻變成天鵝了。為人師者能不戒慎乎？

教書是個良心事業，它最大的回饋在於知道自己是個舉足輕重有用的人，自己的一言一行都影響著一個國家未來的主人翁或是人類未來的救星。就這一方面來講，教前段班的滿足感不及把後段班帶到人盡其才、物盡其用的境界來得滿足。

教他們生活的知識

一九六五年美國黑人金像獎影帝薛尼．鮑迪（Sidney Portier）主演過一部電影《吾愛吾師》（*To Sir with Love*），講一個分發到倫敦貧民窟教高中生的黑人老師，他發現三角、代數、幾何不是學生想要學的，學生想要知道的是如何在最後的一年裡學到一種謀生技能，出去面對社會，賺一口飯吃。瞭解這一點後，他毅然放下校定的教科書，自己編一套以他們日常生活會用到的數學為主，教女孩子買菜、烹飪，用最少的錢過日子，教男孩子工藝。因為教的是學生想知道的，所以女學生會拎著奶瓶、尿布來上學（未婚媽媽必須照顧年幼的子女），不放棄一次學習的機會。但是重要的不是教謀生的技能而已，他帶學生去大英博物館參觀，教他們歷史，給他們文化，給他們希望。人類的文明都是由無到有的，歷史上多少人是「將相本無種、男兒當自強」，有為者亦若是，**人敢作夢，夢想才會實現，沒有夢想的人是機會來敲門都不懂得去開門的**。片尾打出來這些學生後來做了什麼事，變成什麼樣的人，有的很成功，有的只是安分守己的小民，但是無論如何，一位小民對社會的貢獻絕對大於一個關在監獄裡的惡霸，這個老師一生就很值得了，因為他改變了一班二十幾個人的一生。

在加州聖荷西州立大學教書的張稚美教授，也曾告訴我她們去大城市的貧民區（inner city）學校裡教那些不想讀書的孩子，他們啟發孩子學習興趣的方法是，請孩子自己提出他們想學些什麼，然後老師就針對學生想學習的教。結果有一個學生說他想知道市面上那麼多種毒品中，哪一種最划得來（效力最久、價錢最低），所以老師就教他們如何上網收集資料，如何作統計分析、如何製表。一學期下來，學生學會了數學的概念，也學會知識是有用的，是與生活層面有關的，並不是象牙塔中的人想出來整學生的無用之物。

今天，社會很富裕，但人的精神生活比以前空虛很多，又因為醫藥的發達，現代人的壽命延長很多，營養豐富的結果是，人雖然到了退休年齡，但身體還是很健朗，所以在國外有一些退休的企業家去做小中企業的免費義工顧問，幫助年輕人創業，給他們忠告，並利用自己的人脈，幫他們建立企業必要的政商關係。另有一些退休的教師（包括大學教授）到學校擔任科學展的義工顧問，或去班上認養學習低落的孩子，除了學業之外並在生活上輔助他。這種方式非常值得國內效法，也是可以統合的社區資源。

老人最怕的是寂寞，是覺得自己沒有用了，年輕最需要的是經驗指引、忠告，一個願意傾訴的耳朵和開放的胸襟「老少配」，講起來是這個專案要成功最應該做的事，在幾乎不要任何經費的支援下，達到各得其所的目的。人力是我國最重要的資源，如何有效結合學校、家庭和社會的力量，使每一個人的長才都發揮出來，就能打造最強的國家競爭力。

國家圖書館出版品預行編目（CIP）資料

講理就好 / 洪蘭著 . -- 三版 . -- 臺北市 : 遠流出版事業股份有限公司 , 2021.06
面；　公分

ISBN 978-957-32-9064-3(平裝)

1. 認知心理學

176.3　　110004564

洪蘭作品集 A3418
講理就好 增訂版

作　　者——洪蘭博士
主　　編——周明怡
封面設計——江儀玲
排　　版——陳佩君

發 行 人——王榮文
出版發行——遠流出版事業股份有限公司
104005 台北市中山北路一段 11 號 13 樓
郵撥／0189456-1
電話／（02）2571-0297　傳真／（02）2571-0197
著作權顧問——蕭雄淋律師

2021 年 6 月 1 日　三版一刷
行政院新聞局局版臺業字第 1295 號

售價新台幣 300 元（缺頁或破損的書，請寄回更換）

ISBN 978-957-32-9064-3

YLib.com 遠流博識網

http://www.ylib.com　E-mail: ylib@ylib.com